Ecos de Nueva España

Úrsula Camba Ludlow

Ecos de Nueva España

Los siglos perdidos en la historia de México

Grijalbo

Ecos de Nueva España
Los siglos perdidos en la historia de México

Primera edición: mayo, 2022
Primera reimpresión: agosto, 2022
Segunda reimpresión: octubre, 2022

D. R. © 2022, Úrsula Camba Ludlow

D. R. © 2022, derechos de edición mundiales en lengua castellana:
Penguin Random House Grupo Editorial, S. A. de C. V.
Blvd. Miguel de Cervantes Saavedra núm. 301, 1er piso,
colonia Granada, alcaldía Miguel Hidalgo, C. P. 11520,
Ciudad de México

penguinlibros.com

D. R. © 2022, Eduardo Ramón, por las ilustraciones

ISBN: 978-607-380-455-4

Impreso en México – *Printed in Mexico*

Para Víctor, mi faro en la niebla

Las excepciones son siempre más interesantes
que la regla.

CARLO GINZBURG

La Historia que nos han enseñado es francamente aburridísima.

JORGE IBARGÜENGOITIA,
Instrucciones para vivir en México

ÍNDICE

INTRODUCCIÓN
El panteón de los héroes y las cartulinas arrugadas

De nuestras clases de Historia en la primaria y secundaria, la gran mayoría de los mexicanos tenemos recuerdos asociados a un sol inclemente en el patio de la escuela, a colorear y rellenar con letra chueca la enésima cartulina del ciclo escolar con las principales estrofas del himno nacional y la cara de Francisco González Bocanegra (aunque es la novia quien debería estar en la cartulina, por haberlo encerrado hasta que escribiera la letra). Es decir, pocos recuerdos gozosos nos quedan de nuestras clases de Historia.

Como no existían las redes sociales ni el internet, estudiábamos solo con el libro de texto de la Secretaría de Educación Pública, las enciclopedias y las monografías de la papelería que fueron, año tras año y durante al menos treinta más, las mismas: símbolos patrios, nombres de los Niños Héroes, próceres de la Independencia, protagonistas de la Revolución. Además, las enciclopedias eran caras; no cualquiera las tenía y solo servían para consultar, no para entender. No había más. Habrá quien diga que sí, que claro que había una librería especializada y muy bien surtida de textos para niños con puros temas de historia en un callejón de la alcaldía Milpa Alta, en la Ciudad de México, o algo así. Si existió, yo no tuve la suerte de conocerla.

Así que, volviendo al inicio, quiero precisar que somos muchas las generaciones que solo recordamos fechas que repetíamos bajo los rayos del sol inclemente en el patio de la escuela, o que oíms la monótona voz de algún compañero matado, al que además no se le entendía bien. Lo cual tampoco importaba porque, como cada año escuchábamos lo mismo, ya nos sabíamos las palabras clave: alhóndiga, Pípila; los antagonistas de siempre: el malvado traidor Santa Anna, el dictador Porfirio, el cruel y avaricioso Hernán Cortés; los lugares memorables: Guelatao, el pueblito de crepúsculos arbolados; y más próceres: el "bueno" de Madero, los Niños Héroes y la bendita Expropiación Petrolera, así con mayúsculas. Nos contaban que Benito Juárez había nacido en Guelatao, donde era pastor de ovejas, pero que llegó a presidente porque estudiaba mucho. Que el 5 de Mayo ganamos la batalla contra los franceses (y ni fue ese día). Que Santa Anna "vendió" nuestro país a los gringos, y que Zapata y Villa eran hombres bondadosos que lucharon sin denuedo por los campesinos y los pobres. Que el Pípila era el mayor héroe popular y teníamos que dibujarlo en una cartulina en el momento justo en que le prendía fuego a la puerta de la alhóndiga de Granaditas para que los "ejércitos" del cura Hidalgo mataran a todos los españoles que se habían atrincherado ahí, incluyendo mujeres, niños y ancianos. Bueno, esto último no nos lo decían. Yo nunca entendí qué era una alhóndiga: en realidad a mí me sonaba como "albóndiga". La albóndiga de Granaditas. El edificio en cuestión no tenía sentido en nuestro imaginario a menos quizá que uno viviera en Guanajuato. De manera que los niños de otros estados y del hoy extinto Distrito Federal quedábamos fuera de esa posibilidad.

Por supuesto, en las efemérides que repasábamos con sonsonete los lunes de honores a la bandera jamás se hablaba de Hernán Cortés, ni de la Conquista o de Nueva España. De los años, que digo años, siglos que precedieron a la insurgencia se nos enseñaba poco y mal. Que Hernán Cortés había llorado bajo un ahuehuete (ese día nos alegrábamos mucho, porque malditos españoles) y que una señora indígena (porque tampoco nos dijeron que tenía 15 años y, con mirada actual, era más niña que mujer) llamada Marina, muy malinchista, en contubernio con los tlaxcaltecas traidores, le había ayudado al extremeño a someternos, humillarnos, expoliarnos y hundirnos en la ignominia y la miseria para siempre. Que los españoles habían matado a cientos de miles de indígenas solo por codicia y que existía algo que se llamaba *las castas*, las cuales no eran unas señoritas vírgenes, sino un sistema rígido de división social idéntico al que prevalecía en la India, donde quien nacía paria, moría paria, y que no permitía que el pueblo novohispano se desarrollara democráticamente, progresara y floreciera tal y como debía.

Eso era a muy grandes rasgos lo que se nos enseñaba sobre Nueva España. Y en el tercer acto aparecía el padre Hidalgo, viejecito calvo de inmaculada estampa, que miraba al cielo con ojos de mártir medieval, mientras rompía las cadenas de la servidumbre y gritaba que por fin éramos libres. Qué bueno que Diego Rivera y Juan O'Gorman habían estado ahí para retratar el momento tal cual había sucedido sin perder detalle y así pudiéramos verlo en vivo y a todo color. Del periodo que duró 300 años, de 1521 a 1821, sabemos poco y mal, o de plano nada. Nomás nos decían que México antes se llamaba Nueva España. Y acaso había alguna vaga mención a Sor Juana Inés de la Cruz. Un brevísimo relato salpicado de estereotipos y prejuicios visto desde la lente de la experiencia anglosajona de la dominación en América.

En realidad, hay mucho por explorar, conocer y entender del periodo novohispano. Se han producido multitud de investigaciones académicas realmente novedosas e interesantes sobre esos 300 años de vida en México; sin embargo, en ese afán de especialización perseguido por la academia, los lectores de a pie se han quedado al margen de dichos hallazgos históricos, interpretaciones y discusiones. Permanecen rodeados de un silencio solo interrumpido por el distante y monótono eco de las aburridas voces de los niños que siguen leyendo sus cartulinas durante los honores a la bandera. Para muestra, un botón: pocos saben que los funcionarios del Ayuntamiento llegaron a hacerse ropas a juego en terciopelo amarillo para recibir al virrey o que en los autos de fe inquisitoriales se instalaban puestos de comidas y aguas frescas, o que se rentaban balcones y sillas para admirar el triste espectáculo de los condenados.

Las interpretaciones de dicho periodo histórico se han dividido en dos bandos, enfrentados y recalcitrantes, que para efectos de la presente exposición voy a denominar *los nietos de Acamapichtli* versus *los compinches de Alvarado*. Es decir, son dos pandillas que, a fuerza de esconder datos históricos contrarios a su ideología, se autoelogian, por un lado, e insultan a su adversario, por otro. No se trata de caer en las exageraciones de la llamada "leyenda rosa" (defendida por los compinches de Alvarado) que busca enaltecer el legado español, la "civilización" y todas las bondades que trajo a los pueblos "atrasados" de América, poniendo énfasis en los "beneficios" de la Conquista, en las maravillas que enseñaron a los salvajes que acá vivían. Como tampoco se trata de insistir en la muy antigua "leyenda negra" (bandera de los nietos de Acamapichtli) que en el otro extremo proclama con rabia y enjundia que todos los europeos eran unos mugrosos, piojosos, avariciosos y malvados que no hicieron más que traer destrucción, enfermedad, dolor y muerte al recién descubierto continente, al aniquilar sin compasión a los nativos. Este libro busca, en cambio, ofrecer una explicación que permita la comprensión del mundo nuevo que resultó del enfrentamiento, choque, destrucción y mestizaje de aquellas formas de vida que nada tenían en común. Intentaré, pues, profundizar más allá de los maniqueísmos ramplones, de los lugares comunes, pero sobre todo de los juicios irreflexivos que proceden de una ignorancia casi total del tema, para intentar acercarnos y escuchar las voces de aquel universo complejo, a veces tan lejano, a veces más familiar de lo que pensaríamos, que se fue construyendo a través de muchos siglos, y el cual forma parte esencial de los mexicanos, aun si no somos conscientes de ello.

PRIMERA PARTE

Para llegar a Nueva España

LA PRIMERA VEZ QUE SE NOMBRÓ
A NUEVA ESPAÑA

La gente dedica mucho tiempo a pelearse con Colón y poco a preguntarse por qué Nueva España recibió ese nombre. Fue Hernán Cortés quien la bautizó así cuando se alejó de las costas del Golfo para adentrarse en territorio del Imperio mexica, entre finales de 1519 y quizá mediados de 1520, ya que en octubre de ese año escribe la segunda carta de relación al emperador Carlos V y la nombra por primera vez Nueva España. El conquistador basó su justificación en que el clima era parecido, tanto en las regiones frías como en las más cálidas, y se asemejaba al paisaje del país ibérico. Esto se sumó a que la extensión, la riqueza del suelo y la densidad de población también eran similares. No es una casualidad que recibiera dicho nombre, ya que se trataba de equipararla a la "vieja" España y también era un intento por resaltar el carácter extraordinario del sitio que se sumaría a otros reinos pertenecientes a la monarquía hispánica. Dos años después, derrotado ya el Imperio mexica, el rey Carlos V ratifica dicho nombre al otorgar el título de gobernador y capitán general de Nueva España al conquistador extremeño.

Pero Nueva España no era una entidad territorial con límites claros ni precisos. Era un territorio gigantesco cuyas fronteras eran difusas y por siglos permanecieron prácticamente desconocidas. Comprendía, además del actual territorio mexicano, todo el sur de Estados Unidos (California, Arizona, Nuevo

México, Texas, Luisiana y La Florida), Filipinas y, para algunos temas jurisdiccionales, incluso Guatemala, Honduras, Nicaragua, El Salvador, Puerto Rico, Cuba y La Española (hoy República Dominicana), aunque algunas de estas tuvieran sus propias audiencias para gobernar. Esto equivale a más del doble de tamaño de lo que es actualmente la república mexicana. Fue hasta principios del siglo XIX que el científico alemán Alexander von Humboldt establecería con mayor claridad los límites de Nueva España, aunque posteriormente estos se renegociarían a punta de fusil e intimidación con el vecino país del norte, lo que conduciría a la pérdida de la mitad del territorio mexicano.

Usaré el término *novohispano* para referirme a los habitantes de Nueva España, aunque la palabra no se utilizaba en aquella época. No era una nacionalidad porque el concepto de nación tal y como lo entendemos ahora tampoco existía, asociado a las nociones de patria, nacionalismo, etcétera. La sociedad virreinal, cuyas raíces se hunden en el Antiguo Régimen (esto es, por el orden político, social y económico anterior a las ideas ilustradas de la Revolución francesa), era corporativa, es decir, se organizaba como un cuerpo en el cual cada grupo social tenía un rol y una función específica; además, debía colaborar y cumplir con su papel para que el equilibrio social se mantuviera y la vida marchara según lo dispuesto. Por eso cuando los novohispanos enviaban una queja, petición u opinión lo hacían como miembros de grupo o corporación, ya fueran los agustinos, los zapateros, el cabildo, los indios o las monjas de algún convento.

En el siglo XVI se utilizaba la denominación *mexicanos*, aunque dicho apelativo hacía referencia solo a los hablantes de la lengua mexicana, es decir, náhuatl. Avanzado el siglo XVIII se recurrió al término *americanos*, pero su uso tampoco se extendió. Fue hasta finales del periodo virreinal que se empezó a utilizar el término *novohispano,* aunque pasarían dos siglos, a partir de 1980, para que el uso se popularizara.

CON LA IGLESIA HEMOS TOPADO, SANCHO

Profesar la religión que queramos es un privilegio de la posmodernidad que antes era impensable. Ahora podemos elegir entre ser católicos, budistas, agnósticos, ateos, evangelistas, veganos, animalistas. Una amplia oferta de ideologías, modas, estilos de vida y creencias se nos ofrecen para escoger la que más se adecúe a nuestro carácter y forma de entender la vida. Antes no era así. Ni siquiera en el siglo XX ni para nuestros abuelos, apenas unas décadas atrás, se permitían libertades que actualmente son derechos fundamentales. Probablemente la era digital, en la que se han borrado o al menos desdibujado las fronteras espaciales y lingüísticas entre lo privado y lo público, tenga mucho que ver con ese drástico cambio en la pluralidad de ideas políticas, religiosas, sociales y culturales que ahora conviven (a veces no tan armoniosamente), y que sin duda se han abierto camino obligándonos a ensanchar nuestro horizonte de pensamiento.

Hecha la aclaración de algo que parece muy obvio, pero que no siempre fue así, pasemos a los hombres y mujeres de aquellos tiempos para quienes la religiosidad y la devoción no estaban peleadas con el espíritu guerrero. No cabía en su imaginario una escisión, pues ser profundamente religioso y declarar la guerra a otros pueblos no era injusto. Por el contrario, en el espíritu de cruzada por la cristiandad, todos aquellos que no se sujetaban al cristianismo y a la verdadera fe vivían en el error y por lo tanto la guerra contra ellos tenía una causa justa. En la Edad Media, *verbigracia*, se fundó la Orden de la Merced y la Redención de los Cautivos, a través de la cual los mercedarios juntaban limosnas para pagar el rescate de cristianos secuestrados por los musulmanes en el Mediterráneo. Los mercedarios incluso llegaban a intercambiarse por los presos, para impedir que, mediante coerción, amenazas o simple persuasión, los fieles perdieran su fe o se vieran obligados a convertirse al islam, porque en ese momento se transformaban en herejes y sus almas se perdían en el infierno. Lograr la unidad y la hegemonía de la cristiandad fue una preocupación de los monarcas españoles, que comenzó a cristalizarse con mayor fuerza debido a los decretos de expulsión de judíos y musulmanes de los reinos españoles desde finales del siglo xv.

Desde entonces, las críticas contra la Iglesia y el Papa fueron en aumento. El protestantismo fue un movimiento religioso y político que reprobaba los privilegios, la opulencia y muchos dogmas de la fe católica, y exigía una reforma y una renovación profundas de dicha institución, que se encontraba sumida en la corrupción y la molicie. Ante la amenaza de los reformadores protestantes que denostaban acremente las costumbres relajadas de los religiosos, la riqueza y la veneración de imágenes que rayaba en la idolatría, entre otros aspectos, tal y como lo señalaban Wiclef, Calvino o Lutero, la Iglesia católica encontró en América un terreno fértil para la evangelización y recuperación de millones de almas que vivían en la gentilidad o infidelidad, que no es lo mismo que herejía. La herejía es haber sido cristiano bautizado y renegar u "olvidarse" de ello; la gentilidad es no haber conocido nunca la palabra de Dios.

A mediados del siglo xvi, el Concilio de Trento, la respuesta de la Iglesia católica a las críticas del protestantismo, no se redujo a una reunión por videoconferencia, sino que fue una serie de encuentros entre los más altos jerarcas de la Iglesia, Papa, cardenales, obispos y teólogos, y duró casi 20 años. Ahí se fijaría su postura ante los postulados de la Reforma. No hubo un ápice de blandura ni de concesión, mucho menos de autocrítica. Ante el nuevo enemigo de la fe se reafirmaron los dogmas con una mayor observancia y rigidez. Si Lutero señalaba que María no era virgen, el Concilio de Trento pondría la virginidad de María como una de las devociones más importantes para la feligresía. Si los reformadores calificaban de idolatría la adoración de las imágenes religiosas, la jerarquía católica impondría la exigencia de recurrir a los santos y vírgenes bajo sus distintas advocaciones para conseguir los favores suplicados: amainar tempestades, contener pestes y epidemias, detener el avance de un incendio, encontrar pequeños objetos perdidos, recuperar la salud o el caudal propio o de un ser querido, eran parte esencial del vínculo con los santos. Asimismo, se promovió la adoración de las imágenes en procesiones, rogativas y festividades, de manera que, por ejemplo, cuando había sequía en Ciudad de México, se sacaba a la Virgen de los Remedios de su santuario para que intercediera en favor de las aguas. O a la Virgen de Guadalupe si había una inundación; entonces, se le subía a una canoa y se le paseaba por las calles anegadas para solicitar su favor en la reducción de las aguas. Si Lutero señalaba que la intermediación de un sacerdote en la confesión era innecesaria, el concilio subrayaría la importancia del sacramento de la confesión e impondría la penitencia como una de sus máximas para alcanzar la salvación eterna. Si los reformadores aseguraban que la transubstanciación no existía y que la corporeidad de Cristo en la eucaristía era solo simbólica y no "real", las autoridades católicas convertirían la fiesta de Corpus Christi o del Santísimo Sacramento (el cuerpo y la sangre de Cristo), en la más importante del mundo católico e incluso lo pasearían por las calles de ciudades y villas, rodeado del fasto y la solemnidad que dicha fiesta merecía. Si Calvino criticaba el exceso de demostraciones de fervor, el concilio impulsaría con más fuerza la observancia de la ritualidad religiosa, las procesiones, el adorno en templos y capillas, el incienso y las flores, las velas y la música.

El Barroco es el resultado de dichas disposiciones. La profusión de detalles y jerarquías son características fundamentales de esta etapa, así como la conciliación de los opuestos. El barroco no es únicamente un estilo arquitectónico o una corriente pictórica de angelitos mofletudos, cristos sangrantes y retablos dorados, sino una manera de vivir, de estar en el mundo. Es también un caleidoscopio de grupos sociales que se conformó con el mestizaje puesto inexorablemente en marcha con el correr de los siglos.

La creencia en los prodigios, en los designios de la divina providencia, en la intercesión de la Virgen bajo sus diferentes advocaciones y en los santos daba coherencia y vehículo al fervor religioso de la grey católica. La duración de los temblores se contaba en credos y padrenuestros. Los desastres naturales, inundaciones, tempestades, sequías y epidemias se combatían mediante la oración, sin que por ello las autoridades, tanto civiles como eclesiásticas, dejaran de acometer sus tareas, como el auxilio a los enfermos, las procesiones y rogativas, la protección a los más desvalidos, o la regulación de los precios del maíz y el trigo. Pero a fin de cuentas la decisión de todo lo venidero estaba solo en manos de Dios.

NO EXISTE HOMBRE DE MAR
QUE NO SE PUEDA AHOGAR

Para comunicar los océanos solo estaba el barco; en tierra, la mula, el caballo y, con una posición económica desahogada, exclusiva de unos pocos, la carroza tirada por varios caballos. En realidad, la gran mayoría de la gente que no tenía para comprar ni cuidar a una mula caminaba grandes distancias, no solo hombres, también mujeres, niños y ancianos.

Durante varios siglos la única forma de conexión entre los continentes fue por agua. Naos, carabelas, urcas, naves, buques, galeones, bateles, vasos, pataches, dependiendo de su tonelaje, carga, tripulación, pasajeros y objetivo surcaban los mares, exploraban golfos, marismas, archipiélagos, aventurándose más allá de las fronteras del mundo conocido.

¿Cómo era la vida de aquellos aventureros que se hicieron a la mar, que buscaban nuevas rutas de comercio, la fama, la fortuna o una vida mejor? Para algunos, los marineros eran tan solo rufianes, revoltosos, ladrones, perjuros y asesinos, sin dejar de ser aventureros, valientes y arrojados, porque lo cierto es que la vida en los barcos, el único medio para ir de un continente a otro, era terrible, por decir lo menos.

Las hazañas de aquellos hombres de mar no se entienden si no conocemos las circunstancias y motivaciones que los lanzaban hacia lo inexplorado. Al cruzar el Atlántico y, los más valerosos o desesperados, quién sabe, el Pacífico, aquellos marineros dejaban tras de sí el terruño, la familia, el mundo conocido, pero también la pobreza, las deudas, el hambre o un mal amor. Buscaban también trascender más allá de las fronteras del tiempo, conseguir la fama y la gloria, perseguir la aventura, acometer grandes hazañas que quedaran para siempre plasmadas en un escudo de armas, en una merced real (recompensa o donativo por voluntad del rey) y en la memoria de sus descendientes. Estaban dotados de un temple y una voluntad prodigiosos, aunque por momentos podemos dudar de la honradez y rectitud de muchos de ellos.

La vida en el mar no era confortable, lujosa ni segura, como podríamos imaginar. No existía un despliegue de holgura ni entretenimiento variado; tampoco casinos, restaurantes de cocina internacional o de autor, albercas, spa, gimnasios, teatros, tiendas, y un largo etcétera, para matar el tiempo. Tampoco había servicios sanitarios, agua corriente, baños, regaderas ni camarotes individuales. No. La vida en los barcos en los siglos xvi y xvii era terriblemente incómoda, dura y peligrosa. La navegación se sostenía sobre rudimentos tan antiguos, como la brújula, el sextante y el astrolabio, pero sobre todo en la pericia del capitán y su tripulación. Por otra parte, no hay que olvidar que, durante siglos, el único motor de dichos barcos fue el viento y las corrientes marítimas, de otra forma era imposible mover aquellas naves enormes. Conocer el rumbo de los vientos y la dirección de las corrientes era la diferencia entre vivir o perecer.

La tripulación se componía exclusivamente de hombres que con frecuencia se embarcaban siendo niños, algunos incluso desde los cinco años, quienes empezaban como pajes, porque lo deseable era que un verdadero marino se hubiera criado en un barco.

Aquellos niños huérfanos, pobres, vendidos por sus familias o robados por algún maleante para ser embarcados llevaban la peor parte. Se les encargaban las faenas más duras a bordo. Debían auxiliar al despensero (encargado de los víveres), mantener encendidas las brasas del fuego para cocinar (el fogón era una de las principales áreas de cuidado), protegerlo del viento y las tormentas, ya que sin él era imposible cocinar y por lo tanto comer algo caliente.

El concepto de comodidad que nos es tan familiar y aún indispensable era inexistente hasta antes del siglo XVIII. Los relojes no eran de uso común, así que el tiempo se medía de maneras distintas, pues su transcurrir era también diferente. Existía el reloj de arena (llamado ampolleta) que marcaba medias horas en los barcos y al que los pajes debían estar atentos para dar la vuelta una vez transcurrido ese lapso. Tarea especialmente difícil en las noches cuando el rumor de las olas y el silencio en cubierta, solo interrumpido por ronquidos o suspiros, hacía difícil mantenerse despierto.

Los pajes debían cantar las horas para no perder la cuenta del tiempo y darle la vuelta a la *ampolla*, es decir, al reloj (se transportaban varias, pues al ser de cristal era frecuente que se rompieran). Para no sucumbir al cansancio y llevar el registro del tiempo entonaban esta cantaleta:

> *Bendita la hora*
> *en que Dios nació,*
> *Santa María que le parió,*
> *San Juan que le bautizó.*
> *La guarda es tomada;*
> *la ampolleta muele:*
> *buen viaje haremos,*
> *si Dios quiere.*

Cuando la arena del reloj terminaba de pasar, el paje en vela decía:

Buena es la que va,
mejor es la que viene,
una es pasada,
y en dos muele;
más molerá
si Dios quisiere;
cuenta y pasa,
que buen viaje faza;
ah de proa alerta,
buena guardia.

Los marineros que estaban en la proa respondían con un grito o gruñido para dar a entender que estaban pendientes. Así los pajes se iban dividiendo por turnos. Debían hacer guardias por las noches y cualquier descuido, faltante o equivocación, así como quedarse dormidos, se remediaba propinándoles unos buenos azotes o palos.

En un escalón más arriba en el organigrama de la marinería se encontraban los grumetes, aquellos jóvenes que por su edad y experiencia a bordo habían ascendido de puesto; eran considerados aprendices de marinero, cuyas edades iban de los 13 a los 17 años, aproximadamente. Después estaban los marineros propiamente dichos, en quienes recaían las faenas más especializadas. En lo más alto estaba el piloto encargado de la derrota (la dirección de la travesía), el maestre atento a lo concerniente a la tripulación, el contramaestre, responsable de asignar y supervisar a los marineros, y por encima de todos el almirante, capitán encargado de toda la flota, que fungía también como juez y administrador de la justicia en altamar en caso de que se suscitara una desavenencia grave, un robo, crimen o motín, asuntos, sobra decir, bastante frecuentes.

No se admitían mujeres a bordo de los barcos a menos que fueran pasajeras de cierto rango (las esposas de virreyes y su séquito de doncellas, amigas y parientes, por ejemplo), mujeres

que iban a reunirse con su cónyuge y viajaban acompañadas. No existían las mujeres marineras. El mundo de los barcos era exclusivamente masculino.

La Corona española estableció la Casa de la Contratación en Sevilla, a principios del siglo XVI, para regular todo lo concerniente a la navegación y tráfico de mercancías y pasajeros entre Europa y América. Llevaba a cabo registros de mercaderías, naufragios, pérdidas, y regulaba despachos, dirimía pleitos, juzgaba crímenes, robos, homicidios, cobraba derechos y pasajes, es decir, era la instancia imprescindible para regular avíos, pasajeros, embarcaciones y cualquier asunto sucedido en altamar en el transcurso de la llamada Carrera de Indias. Esta era la ruta atlántica entre Sevilla, y después Cádiz, y los distintos puertos de la América Hispánica, como La Habana, Campeche, Cartagena, Tierra Firme, Veracruz, pero también, en el Pacífico, San Blas, Acapulco y Callao hasta Cavite en Filipinas.

EL MATALOTAJE

El despensero estaba a cargo de la comida y la bebida a bordo de una embarcación. Estas provisiones eran conocidas como matalotaje y siempre estaban racionadas. No había refrigeración, por lo tanto, la carne, el tasajo y los embutidos debían transportarse curtidos con sal para prolongar el mayor tiempo posible su conservación; sin embargo, dicha preparación acarreaba el lamentable efecto de provocar una sed espantosa.

El agua se almacenaba en barriles de madera o en "pellejos" y cueros que después de cierto tiempo se enmohecían y pudrían. Cuando no se terminaba, el agua estaba tibia, desabrida, turbia y cenagosa, según cuentan las crónicas de los atribulados pasajeros. Además, solo había agua para beber, no para bañarse, ni para limpiarse la cara y las manos, mucho menos para lavar las camisas, ropa interior, sábanas o pañuelos que debían usarse las semanas o incluso los meses que durara la travesía. Escupir en el agua de los barriles a bordo se castigaba con multa de un real (el equivalente a una ración diaria de carne de 500 gramos aproximadamente), provisión tomada seguramente por la frecuencia con que sucedía.

Asimismo, el bizcocho, indispensable en la dieta de los marineros, era en realidad un pan que se horneaba dos veces para secarlo (*bis coctus* en latín) y endurecerlo de tal manera que debía comerse remojado en vino, sopa o agua. Esa misma sequedad provocaba que después de cierto tiempo se fuera desmoronando hasta convertirse en una especie de polvo imposible de tragar, el cual en casos desesperados de hambre, como sucedió en la expedición de Magallanes y Elcano, se llegó a comer agusanado y mezclado con aserrín. Pasajeros como el franciscano Antonio de Guevara se quejaban del bizcocho proporcionado a la hora de la comida, pues tenía telarañas, estaba duro y, para colmo, mordisqueado por los ratones que eran una plaga muy frecuente en los barcos, y en la recién descubierta América.

No se embarcaban productos frescos o perecederos, como frutas y verduras que duraban tan solo unos días en buen estado, si acaso algunas pasas, higos secos y dátiles; en cambio las leguminosas, como las lentejas y los garbanzos, duraban un poco más, o el arroz, el único alimento que comerían hervido con agua de mar durante siete meses los sobrevivientes a la primera vuelta al mundo. La ausencia de vitamina C contenida en la fruta será la causa de la hinchazón y el sangrado inexplicables en las encías de aquellos infortunados y moribundos marineros que cruzaron por primera vez el océano Pacífico, padecimiento que ahora conocemos como escorbuto.

De ser posible, también se embarcaban un par de vacas para obtener leche y algunos cerdos para el jamón, el tocino, la manteca y la carne. El ganado, junto con los caballos, eran compañeros de viaje con los que forzosamente se tenía que compartir también el espacio para comer y dormir, compañeros que con frecuencia no sobrevivían demasiado tiempo a bordo.

Los pasajeros debían llevar consigo sus propios alimentos ya que el matalotaje era exclusivo para consumo de los tripulantes. Así, era necesario transportar agua suficiente y algunos cargaban alimentos que en América resultaban caros y difíciles de conseguir, como pasas, almendras, higos, arroz, miel, aceitunas, alcaparras, vinagre y aceite. Tales alimentos eran caros, pues no se producían en Nueva España debido a las restricciones que el consulado andaluz de comerciantes había conseguido de la Corona, para así conservar el monopolio de las ventas y sus jugosas ganancias.

Para poder cocinar la comida era necesario hacer migas con el despensero y el cocinero que cuidaban del fuego, los víveres y los cocinaban para la tripulación. De otra manera era imposible acercarse para poner la propia olla o preparar cualquier alimento. En el fogón, que se cuidaba con esmero para evitar que se apagara o que se esparciera ocasionando una desgracia, se apilaban diferentes ollas y cacharros y era necesario estar alerta para que las provisiones que con tanto esmero se habían embarcado no terminaran en el estómago de alguien más avezado. Salvo que el sufrido pasajero cargara con su propia vajilla, los marineros comerían directamente de la olla con el cuchillo con el que realizaban sus faenas a bordo.

Además de víveres, equipaje y herramientas necesarias para la navegación, algunos viajeros embarcaban diversos utensilios de trabajo, que a veces eran difíciles o caros de obtener en los virreinatos americanos, como machetes, cuchillos, mazos y tijeras, los cuales eran en un principio bienes escasos, pues como sabemos las culturas prehispánicas no trabajaban los metales ni los usaban de manera cotidiana como los europeos.

LANCHA SIN CUBIERTA, SEPULTURA ABIERTA

No solo había que empacar comida y agua, sino embarcarse con los propios enseres y utensilios para cocinar, comer, dormir y sobrevivir, como cuencos, tazas, cubiertos, ollas, jarras, escudillas, cucharones, vasos, manteles, sábanas, almohadas y colchones rellenos de pluma para los más favorecidos, y de pelo de perro para los que tenían menos fortuna, o tan solo un jergón para los que ni a colchón llegaban. Algunos llevaban hasta sillas acojinadas para poder sentarse a pasar el día, ya que no había mobiliario en cubierta. Para dormir, con el dinero suficiente, podía reservarse un minúsculo espacio bajo cubierta de dos metros de largo por 1.60 de ancho, en el cual se apretujaban y pasaban las horas sin ventilación hasta seis miembros de una misma familia. El resto de los pasajeros y tripulantes se las apañaba para dormir en cubierta, entre las velas, los cañones, los barriles, las herramientas o los cordeles, y debía resignarse a soportar el calor, el frío, el viento, el hedor y la incomodidad. Los colchoncillos y mantas compartían chinches y pulgas con las ratas. Dado el reducido espacio, con frecuencia los marineros, que también dormían en cubierta, compartían el colchoncillo con algún paje o grumete, lo que ocasionaba el consabido resultado de caricias y acercamientos que, aunque estaban terminantemente prohibidos, sucedían con bastante frecuencia. Sin el concepto de intimidad, como lo conocemos actualmente, por las noches en un desafinado concierto los cuerpos hacinados exhalaban gases y se escuchaban los ronquidos, susurros, gemidos, sollozos e incluso los suspiros de los encuentros sexuales entre los tripulantes del mismo sexo.

Mucho se ha escrito acerca del inhumano transporte de esclavos a América en condiciones insalubres y crueles. Aunque es imposible negar el carácter injusto y terrible de la esclavitud, es importante señalar que incluso algunos comerciantes portugueses se percataron de que una mejora en las condiciones del encierro en altamar redundaba en una mayor sobrevivencia de los africanos cautivos. Así, por ejemplo, se evitaba el hacinamiento, o *tight packing*, al reducir el número de esclavos transportados, a los cuales se les proveía de una estera que se cambiaba periódicamente; además, se procuraba la ventilación del área que ocupaban y se mantenía una precaria higiene para reducir el número de enfermedades y muertes. Sobra decir que las medidas no fueron precisamente humanitarias, pues lo que se buscaba era preservar una mercancía que podía venderse a muy buen precio.

Lo cierto es que, como vimos, quienes no eran transportados como mercancía tampoco iban a sus anchas, cómodos ni felices. Claro, a menos que se tratara de un virrey, a quien se le llegaba a acondicionar un camarote con forros de brocado y cortinas, o un arzobispo u oidor, que viajaban con baúles cargados de papeles y ropa, camas, muebles, mascotas, criados, esclavos, familiares y empleados, quienes a pesar de navegar con lujo y fasto deploraban la incomodidad del viaje, los mareos, las alimañas, el malestar y el calor infernal bajo cubierta.

Ya el dominico fray Tomás de la Torre se quejaba de que, durante un viaje de Cádiz a Campeche, los marineros lo habían utilizado a él y a sus correligionarios para mantener equilibrado el barco que estaba mal lastrado y se iba de lado. El furioso fraile alegaba que los mareantes los trataban "como a negros", obligándolos a dormir bajo cubierta como si fueran un esclavo cualquiera, además de empujarlos, pisarles la ropa y hasta las barbas, pues tenían que mantenerse la mayor parte de la travesía acostados, sin ponerse de pie ni caminar, sin siquiera un banco para sentarse, con lo cual estorbaban el trajín de los marinos que iban y venían por cubierta. En efecto, los pasajeros soportaban el calor abrasador sin poder resguardarse al frescor de alguna sombra, sufriendo además del olor putrefacto que despedía el agua hedionda que se colaba por el casco y que debía extraerse con una bomba de achique.

Pocos sabían nadar, así que en el caso muy probable de que los sorprendiera una tempestad, pasajeros y tripulación debían encomendarse a la corte celestial, ya fuera a la Virgen del Carmen o a Santa Bárbara, patronas de los marineros, protectoras contra el rayo y la tempestad, para salvar el pellejo, amarrarse con alguna cuerda a la cubierta para evitar caer al agua en el frenesí de la tormenta o asirse a un madero en caso de caer al agua. El hermano menor de los Pinzón, experimentados navegantes de generaciones atrás, sin cuya pericia el "descubrimiento" de Colón hubiera sido impensable, pereció ahogado en uno de los tornaviajes del almirante a Europa. Asimismo, Juan Negro, un esclavo de la expedición de Magallanes, murió engullido por el mar, por mencionar solo algunos de los cientos que perdieron la vida en tempestades y naufragios.

Cuando la navegación era apacible, las horas a bordo se hacían eternas: el azul inmenso que se confundía con el cielo muy poco tenía de poético y mucho de incertidumbre y zozobra.

Para matar el aburrimiento se permitían algunos juegos de azar, como las partidas de naipes, que también culminaban en grescas y amenazas, pero había poco más que hacer además de la obligación de atender a la misa para volver de nuevo al tedio de mirar el horizonte con la esperanza de que apareciese tierra firme o señales de vida.

A veces, resplandecían los fuegos de San Telmo en lo alto del palo mayor, un fenómeno atmosférico que se manifiesta como una especie de chorro doble o triple de fuego, y que puede surgir antes de una tormenta eléctrica. Para los marineros, aquella era una señal de buen augurio, reconfortante, de esperanza y protección, ya que San Telmo era también patrono de los marineros.

Los barcos no zarpaban cada media hora, ni cada tercer día ni lo hacían solos: era indispensable viajar en flota con otros barcos para recibir auxilio en caso de avería, ataque pirata, naufragio o motín. Y podían surgir una serie de inconvenientes que retrasaban la salida de las naves, como el mal tiempo; perder la temporada de vientos favorables; esperar en el puerto la concesión de un permiso; la cura de la enfermedad del almirante; la provisión de algún bastimento de primera necesidad; alguna reparación en la avería de alguno de los navíos; una aclaración de desavenencias entre maestres y pilotos, y un largo etcétera. En efecto, un viaje en barco no era cualquier cosa.

Conforme avanzó el siglo XVI, se organizaron flotas con viajes regulares y se aumentó la capacidad de los barcos, pero el transporte de pasajeros siguió siendo un servicio complementario al de carga y metales preciosos, mas no el principal.

Dos flotas anuales zarpaban de Sevilla, una con destino a las Antillas, Nueva España y Honduras, a finales de abril y mayo; la otra con destino a Nombre de Dios en Panamá y Cartagena (Colombia), en agosto. Con frecuencia las naves se detenían en las Canarias para abastecerse, reparar alguna avería o esperar algún trámite o aviso pendiente. Ambas debían permanecer el invierno en América y reunirse en La Habana para emprender el regreso juntas antes del 10 de marzo. Previo a la llegada de la flota se adelantaba un "navío de aviso" para prevenir al puerto e informar quiénes venían en las naves.

Para cuidar la calidad de los emigrantes que quisieran viajar y establecerse en América era necesario mostrar en la Casa de la Contratación de Sevilla algún comprobante o "carta de llamada", donde se exponía la invitación de algún familiar que viviera en las Indias Occidentales. Las autoridades daban un plazo para que los casados mandaran traer a sus esposas, ya que era frecuente que por acá encontraran otras mujeres que les resultaban más atractivas y pronto se "olvidaban" de que su mujer los esperaba en el terruño. Otros emigrantes enviaban cartas para traer hermanos, cuñados, sobrinos, amigos e hijos que les ayudaran en sus negocios, oficios, talleres o tiendas, a sus madres, tías o primas para que les hicieran compañía o consiguieran un buen marido.

Uno de cada tres pasajeros que se embarcaba no llegaba vivo a su destino, como fue el caso del conquistador Diego de Ordaz, el primer europeo en divisar la gran Tenochtitlan, quien sobrevivió a la Noche Triste y al sitio del Imperio mexica, pero que murió en el viaje de regreso a España. O el de Gonzalo de Sandoval, joven capitán incondicional de Cortés, que había sobrevivido a los mismos eventos que Ordaz, Cortés y otros conquistadores, pero que en su vuelta a España murió apenas desembarcar en Palos de la Frontera. Para muchos, el barco era una "cárcel de traviesos y un verdugo de pasajeros".

INTENTANDO NOMBRAR LO DESCONOCIDO

Que Colón llegó a América a bordo de la Niña, la Pinta y la Santa María es otra de las efemérides que repetíamos aburridos en la escuela mientras dibujábamos la enésima cartulina con las carabelas surcando el mar. Nada sabíamos de los detalles truculentos y sabrosos de la expedición. Que Colón no era el experimentado navegante que quiso hacerle creer a sus coetáneos, pues de generaciones atrás era lanero, es decir, comerciante de telas. Que su triunfo náutico fue en parte gracias a la pericia de Martín Alonso Pinzón, quien sí era un avezado navegante de estirpe, es decir, un extraordinario marinero. Que una de las carabelas, la Santa María, naufragó en las Antillas y con sus despojos se construyó la primera edificación europea del Nuevo Mundo (aunque solo fuera un techito y dos paredes) y que por lo tanto solo regresaron dos naves. Que Colón, en el primer viaje (porque volvió tres veces convencido de que había llegado a Asia), dejó a más de medio centenar de hombres que prefirieron quedarse a poblar, presumiblemente judíos que escapaban a la persecución en España, y que al volver, de ellos no se encontró rastro alguno, pues fueron devorados por los nativos. Que a su regreso del primer viaje, una tempestad cerca de Madeira separó los dos barcos y que Pinzón, presa de la fiebre, logró llegar un mes antes que Colón a Bayona en Galicia, pero sobreviviría pocas semanas, a causa del contagio de una enfermedad desconocida que en los siglos siguientes cobraría la vida de miles de europeos: la sífilis. Que Colón se vio envuelto en escándalos por corrupción y que quiso arrebatarle el mérito de ser el primero en divisar tierra firme al marinero, y que incluso en uno de sus viajes regresó a España preso y cargado de cadenas, aunque al poco tiempo fue liberado. Que lo llamaron despectivamente Almirante de los mosquitos, porque los españoles decepcionados que lo habían dejado todo en España solo habían encontrado pobreza, muerte y dolor en Las Antillas y lo acusaban de que solo "había descubierto tierras de vanidad y engaño para muerte y sepulcro de los hidalgos castellanos". Eso no estaba en la monografía de primaria tampoco. Ni que el comerciante murió aquejado por la artritis, después de que falleciera su adorada reina, algunos años después de volver de su último viaje.

La Corona, consciente del inmenso poder que había otorgado a Colón y a sus hermanos y descendientes, rectificó mediante el envío de Nicolás de Ovando como gobernador de La Española en 1500. Gracias a las gestiones de su padre, Martín Cortés, el joven Hernán se embarcaría en aquella expedición, pero herido por una caída que lo involucraba en un lío de faldas y obligado a guardar reposo tuvo que esperar a la siguiente flota para zarpar a América.

Esos primeros años de colonización en La Española (hoy República Dominicana) y Cuba, estuvieron marcados por la inestabilidad, la rapiña, la muerte, la avaricia y la supervivencia.

Las enfermedades traídas por los europeos, desconocidas hasta el momento del contacto, aniquilaron a los nativos por cientos de miles, de manera que 20 años después de la llegada de Colón tan solo sobrevivían unos pocos. No se conocía aún la teoría del contagio, ahora tan dolorosamente comprensible para nosotros después de meses de confinamiento y medidas de higiene extremas producto de la aparición del covid-19. A las epidemias se sumaron el desarraigo, la violencia y el maltrato del que fueron objeto los caribes, arawakos y taínos entre otros grupos que habitaban las islas, ahora extintos.

Aunque la Corona española se preocupó por la dramática situación, era poco ya lo que se podía hacer para frenar la rapiña frenética y enderezar el rumbo. Sin embargo, la experiencia serviría como precedente para intentar años después, al consumarse la conquista del Imperio mexica por las huestes de Hernán Cortés, detener en lo posible el aniquilamiento de las civilizaciones mesoamericanas mediante las Leyes Nuevas, las cuales prohibían la esclavitud indígena, así como el otorgamiento del estatuto jurídico de "miserables" compartido por las viudas, los huérfanos y los enfermos necesitados de amparo y protección.

Por su parte, los españoles sufrían otros padecimientos como la sífilis, enfermedad que no había afectado antes a los nativos y que producía una muerte terrible, con altas fiebres y dolores intensos. Eran víctimas también de las niguas, pequeños insectos llamados *coloradillo*, una especie de ácaros que habitaba en las malezas de zonas tropicales y subtropicales, los cuales se encajaban bajo la piel, anidaban especialmente en los pies y producían escozor intenso y ronchas, al punto de que en algunos casos debía amputarse la extremidad. Con frecuencia también se cebaban en los esclavos negros que andaban descalzos. El mismo fray Bartolomé de las Casas (enemigo jurado de Hernán Cortés desde sus tiempos como encomendero en la isla de La Española) advertía que era necesario extraer con una aguja el huevecillo del tamaño de una lenteja sin romperlo, ya que de otra manera los insectos se diseminaban por debajo de la piel haciendo imposible su extracción. Y por último los europeos sucumbían a la terrible modorra, ese mal americano que atacaba a los recién llegados y hundía al enfermo en un sopor que lo inmovilizaba, en un letargo, una especie de cansancio e inapetencia, de postración, que incluso terminaba con la vida de quienes lo padecían.

Ese mundo en el que muy pronto los españoles se acostumbraron a dormir en hamacas, a comer pan de cazabe o yuca

41

(parecido en su forma a la tortilla o al pan árabe) y a valorar aún más lo que se traía de España, como el aceite de oliva, las aceitunas, pasas y avellanas, o las tijeras, el cuchillo, la olla, el rosario, el espejo, la copa de vidrio, algún libro (la primera imprenta de América se estableció en la Ciudad de México hasta 1524); alimentos y objetos tan cotidianos que ahora están en los anaqueles de cualquier supermercado, escaseaban en estas tierras.

Ese nuevo mundo que Colón había descubierto sin saberlo y cuyos ecos de abundancia, riqueza y sitios paradisiacos hipnotizaban las mentes para los europeos, estaba habitado por personas, animales, frutas o costumbres de cuya existencia los europeos jamás habían escuchado. Ese mundo pequeño tenía los recursos materiales y humanos limitados. Además era cruel e inestable. Los asentamientos eran efímeros y se abandonaban rápidamente para erigirse en un nuevo emplazamiento que tuviera mejores condiciones geográficas, portuarias o recursos.

Tal y como señala el filósofo Ludwig Wittgenstein: "El límite de mi lenguaje es el límite de mi mundo", la única manera que tenemos para acercarnos a lo que nos rodea es mediante nuestros referentes y sus significados. No hay forma de explicar nuestro entorno fuera de las palabras que conocemos, por lo tanto, los hombres de aquel tiempo utilizaban sus propios referentes, lo que les era familiar, para describir aquel mundo que apenas comprendían e intentaban dominar. El mismo Colón llamaba a los templos divisados a lo lejos desde el barco mezquitas o pagodas, y la yuca de sabor agradable era parecida a la castaña. En aquella primera vez que arribó a las Antillas vio lo que nunca antes había visto: manatíes, seres que le eran absolutamente desconocidos y que bautizó como *sirenas* a falta de otro símil.

Así, Hernández de Córdoba fue enviado por Diego de Velázquez, el gobernador de Cuba, a explorar las costas de la "isla de Yucatán" en 1517 (pues no se sabía todavía que no era una isla, sino parte de un inmenso continente) y el explorador al ver los templos "pirámides" y la densidad de población denominó ese territorio como El Gran Cairo, pues su referente más cercano estaba relacionado con la cultura árabe, con la que los hispanos convivieron durante siglos. Pero el recibimiento que les dieron a los expedicionarios no fue propiamente de faraones y Hernández de Córdoba murió al poco tiempo de regresar a Cuba por las heridas infligidas por los aguerridos mayas.

En 1518, un año después, Juan de Grijalva también lo intentó con resultados catastróficos, pues recibió un flechazo en la boca que le tiró parte de la dentadura y tuvo que regresar derrotado a Cuba. Dicen que la tercera es la vencida, así que el gobernador, harto de la impericia de los anteriores capitanes, designó a su antiguo escribano con el que tenía una tormentosa relación para acometer la empresa. Fue así como Hernán Cortés reunió gente, víveres y pertrechos tras pasearse elegantemente vestido por las calles de Cuba (pese a las enormes deudas que iba acumulando), convenció a los hombres de que sí tenía con qué emprenderla y esa era la buena. El extremeño zarpó con destino a la "isla de Yucatán", con poco más de 600 hombres a bordo de 11 barcos, con 16 caballos, varias piezas de artillería y cañones, pan de cazabe, algo de vino y tocinos. Los tocinos se los comió un tiburón, según cuentan, porque cuando lo pescaron rondando una de las naves, le abrieron el vientre y lo encontraron lleno de panceta.

Los conquistadores llamaban *cerezas* a los capulines que les obsequiaban los enviados mexicas de Moctezuma, y a las tortillas, *pan de maíz*. Más hacia el sur, el maracuyá y la pasiflora fueron bautizados como *fruto* y *flor de la pasión*, respectivamente, no por los bajos instintos y arrebatos carnales que provocaban, sino porque a los españoles les recordaban los símbolos de la pasión de Cristo, como la corona de espinas, los clavos de la cruz y el color púrpura del manto de Jesús.

Ya avanzado el siglo XVI, el dominico fray Tomás de la Torre describía la piña con asco, pues a su parecer sabía a melón podrido y asoleado, y los plátanos parecían morcillas amarradas, que le resultaron también asquerosos por su textura de ungüento medicinal. Las guayabas le sabían a "chinche" y le daba asco probarlas. Y al igual que al almirante Colón, el sabor suave del camote le recordaba a las castañas de su tierra natal.

Para algunos historiadores, el verdadero descubrimiento de América sucede cuando Hernán Cortés se adentra en el inmenso territorio mesoamericano y tiene contacto con el poderoso Imperio mexica.

UN VILLANO TAN MALO
COMO LA CARNE DE PUERCO

Pocos episodios de la historia de México levantan pasiones tan acendradas como el de la Conquista. Cada año cuando se acerca el 12 de octubre se hacen formaciones bélicas que enarbolan con furia la idea de genocidio, por un lado, y las bondades de la civilización, por el otro. No se trata de defender a Cortés y decir que fue el artífice de la gesta más gloriosa del Renacimiento, émulo de Alejandro Magno, zar de la estrategia y la astucia sin parangón, padre de la patria, inventor del mexicano y otros milagritos que se le cuelgan. Tampoco es sensato defender la idea de que en su proyecto de vida lo más importante era exterminar a los nativos porque su naturaleza cruel y avariciosa no le daba para nada más que ir arrancando piezas de oro de cuanto templo, atuendo, sacerdote e ídolo encontraba a su paso.

Lo que interesa no es juzgar el pasado desde la comodidad de nuestro hogar y teléfono inteligente, y del inexistente tribunal de la historia, señalando todo lo que otros hicieron mal hace 500 años y que nosotros hubiéramos hecho tanto mejor teniendo solamente Waze y un manual de cortesía y urbanidad, valiéndonos de la superioridad moral de creer que somos muy buenos y justicieros. Como bien lo señaló Edmundo O'Gorman, no es tarea del historiador regañar a los muertos.

La Conquista ciertamente fue un evento que cambió para siempre la morfología del mundo y sus fronteras, el equilibrio político de Europa, la sociedad, la economía y la cultura mundiales; fue traumático para millones de seres que habitaban no solo el inmenso territorio conocido como Mesoamérica, sino también para aquellos que, traídos a la fuerza de África y aun de Asia y vendidos como esclavos, debieron suplantar la mano de obra nativa que se extinguió a pasos agigantados.

Uno de los lugares comunes es el que pontifica que hubo un genocidio en la América hispánica, aseveración que implica la voluntad expresa de exterminar a un grupo de población por motivos de raza, religión, preferencias sexuales, procedencia étnica, aspecto, inclinaciones políticas y un largo etcétera. Ejemplos de lo que es un genocidio sobran en los siglos XX y XXI. El holocausto perpetrado por Hitler y el nazismo, otros menos conocidos y aún menos llorados a pesar de los horrores cometidos, como la matanza de armenios, la guerra de los Balcanes que duró más de 10 años o el espeluznante exterminio en Ruanda, producto del enfrentamiento entre hutus y tutsis, dan cuenta cabal de ello. Todos los anteriores fueron genocidios por motivos raciales o religiosos. Sin excepción.

En el siglo XVI no existía la voluntad de exterminio de las poblaciones nativas en América por razones que, aunque también pueden sonar brutales, terminaron siendo de orden práctico. Los europeos no iban a matar a sus trabajadores. Una de las más grandes riquezas en América era la abundancia de mano de obra que en la primera mitad del siglo fue, además, esclava. Matar a los trabajadores no era lo más sensato ni, por supuesto, lo más rentable.

La empresa de la Conquista pudo ser posible gracias a la actuación de diversos actores y no es la hazaña de un solo hombre. Tiende a creerse que el grupo de hombres que acompañaban a Cortés eran todos iguales, tenían los mismos orígenes e idénticos comportamientos. Así como Mesoamérica era una categoría que englobaba a un número infinito de pueblos indígenas con costumbres diversas, España lo era también en aquel tiempo. Los distintos regionalismos estaban presentes de manera paralela a la enemistad y el encono y no todos los españoles simpatizaban entre sí. Los había andaluces, gallegos, aragoneses, extremeños, castellanos, y no todos eran caballeros, como Pedro de Alvarado, o hidalgos, como Cortés. Había capitanes, como el joven Gonzalo de Sandoval de origen humilde; sastres, bufones y carpinteros, como Martín López; Botello, el astrólogo; sacerdotes, como el clérigo Juan Díaz o el mercedario fray Bartolomé de Olmedo. Y aunque no compartían los mismos orígenes, todos sentían el afán de aventura y la ambición de medrar o aun de acrecentar su hacienda (su fortuna) y perpetuar por generaciones las hazañas acometidas en nombre de la religión cristiana y la Corona española. Y por supuesto, conseguir el honor y la gloria.

Cortés había llegado muy joven a La Española después de intentar estudiar leyes en Salamanca. Acompañó al gobernador Diego de Velázquez a la conquista y poblamiento de la vecina Cuba, y tenía una posición desahogada. Se había casado con una española llamada Catalina y tenía una hija pequeña, homónima, nacida fuera de matrimonio. Cuando las empresas anteriores fracasaron, el gobernador Velázquez que era demasiado gordo para ir en persona a Yucatán, lo nombró a cargo de la expedición, pero albergaba ciertas dudas. Sin perder tiempo, Cortés comenzó a reclutar gente, y lo hizo vestido con su ropa más elegante, sombrero de plumas y ricas telas, como alarde de bonanza. Partió de Cuba justo cuando el gobernador se convenció de que había cometido un error y que, en efecto, Cortés era de los que "se mandaba solo". Pero para Velázquez ya era demasiado tarde y no le alcanzaría la vida para lamentar su error.

Los españoles llegaron primero a isla Mujeres y pronto tuvieron noticia de dos españoles que habían naufragado años atrás, uno era Jerónimo de Aguilar y el otro, Gonzalo Guerrero. El primero, feliz de escapar de un cacique local que lo tenía como esclavo, pero que gracias a eso no lo habían sacrificado, se lo habían comido, se unió a las fuerzas de Cortés como intérprete de español y maya. Aunque no parecía especialmente listo, era lo que había. Por el contrario, Gonzalo eligió quedarse con la india con la que se había casado y tenido hijos y moriría después enfrentado a sus antiguos congéneres.

Así, los españoles iban bordeando la costa por los actuales estados de Yucatán, Campeche y Tabasco. Cuando lograron someter a los indios en Tabasco, el cacique les regaló una veintena de mujeres esclavas (práctica común entre los pueblos prehispánicos para sellar alianzas, mostrar amistad, señalar la paz y el sometimiento, etcétera). Los españoles se apresuraron a bautizarlas para repartírselas con una escasa (por no decir inexistente) instrucción cristiana. Entre aquellas mujeres había una de 15 años de ingenio vivaz, que bautizaron como Marina (no Malinche, como la gente repite desde que iba en cuarto de primaria). Como los indígenas no pronunciaban la r, la llamaron Mallina y agregaron la terminación náhuatl *tzin*, que indica reverencia. Malintzin o doña Marina, que es lo mismo. Los españoles continuaron su avance, pero Jerónimo de Aguilar ya no entendía esa lengua que era distinta; no era el maya que había pasado años aprendiendo. Marina sí, porque además, antes de haber sido vendida como esclava en Tabasco, de niña vivía en la región de Coatzacoalcos donde se hablaba náhuatl. Así, se convirtió en la pieza clave que acompañaba, arengaba, traducía y comprendía el devenir de los acontecimientos.

Los españoles encontraron por primera vez rastros de sacrificios humanos en lo que llamarán la isla de los Sacrificios, frente a las costas de Veracruz. Pero alguien los observó desde tierra firme. El gran *tlatoani*, el Airado, Moctezuma Xocoyotzin tenía ojos a lo largo de su zona de influencia y poder, que era considerable. Los *pochteca*, comerciantes, mensajeros y espías, observaban e informaban sobre esos extraños seres que habían venido del mar, cuyos orígenes divinos estaban en duda.

Por su parte, muchos españoles no estaban conformes con el liderazgo de Cortés; nerviosos y fastidiados, los adeptos de Velázquez querían regresarse a la isla. Pero la conspiración e intento de motín fueron descubiertos y Cortés no se tentó el corazón para mandar ahorcar a unos, cortarle los dedos del pie a otro y advertir a los demás que no iba a tolerar ningún intento de contrariarlo. Hundió los barcos para que nadie pudiera volver atrás y guardó el velamen, timón, mástiles, aparejos y todo lo que pudiera necesitar después, porque en aquel tiempo las cosas se reutilizaban una y otra vez, aprovechándose al máximo.

Lo que Cortés buscaba, además de oro y riquezas, era información. Averiguó quiénes estaban enemistados y por qué; además, hizo promesas, alianzas y se valió de la intriga para explotar las rencillas y sacar provecho de ellas. Se alió con los totonacas, mientras Moctezuma veía con alarma el avance de esos extraños seres y enviaba presentes con sus emisarios para detenerlos, aunque estos solo picaron la curiosidad del conquistador.

Cortés dejó una guarnición de soldados y por primera vez se alejó de la costa, internándose en el altiplano y en un inmenso territorio desconocido para el mundo europeo. Quizá si hubiera sabido que se adentraba en una tierra poblada por más de 20 millones de almas, de las que prácticamente no sabía absolutamente nada, se lo hubiera pensado un poco más. Descubrió que había una anomalía en esa enorme extensión que era Tlaxcala. Cuatro señoríos unidos, cuyos fieros guerreros utilizaban una táctica que confundió a los hombres de Cortés: alternaban los ataques a los españoles con disculpas y obsequios. Tlaxcala se negaba a sujetarse al yugo mexica: resultaron ser los archienemigos guerreros que no habían podido ser sometidos. No tenían derecho al comercio, ni a vestir telas de algodón o a consumir sal, pues estaban aislados por sus enemigos. Cortés vio la oportunidad de apoyarse en su enorme fuerza numérica y se alió con los caciques locales, quienes mediante la aceptación del bautismo concedieron también un vasallaje al rey

Carlos V, quien era una figura vaga y lejana, sin embargo, esto abría la esperanza de poder al fin deshacerse de sus acérrimos enemigos. Esos miles de guerreros encargados de alertar sobre posibles peligros y trampas, arrastrar cañones, cargar provisiones y disparar flechas serán la mayor fortaleza de Cortés en los meses por venir.

Después de recorrer los cientos de kilómetros atravesando selvas, bosques, valles y una accidentada geografía que no tenía caminos, ni senderos para los cañones, los caballos ni tracción animal alguna, y luego de haberse despojado de sus corazas de metal que resultaban hirvientes en el sol de la costa, solo para aterirse de frío a su paso entre los volcanes, los españoles miraron por primera vez la majestuosa ciudad de Tenochtitlan.

Moctezuma, alertado, los recibió, aunque no permitió que Cortés lo abrazara ni se dignó a darle la mano a Marina. Maravillados, los españoles acudieron a admirar los mercados, el "zoológico", el palacio y los jardines, y asistieron con horror a los adoratorios ensangrentados y llenos de costras en las paredes, con corazones humanos quemados, que les repugnaron.

Después de meses de hospedaje y de la prisión de Moctezuma, las cosas se descontrolaron con la llegada de Pánfilo de Narváez, que venía a castigar la infidencia de Cortés. Avisado, el extremeño dejó a Alvarado a cargo de Tenochtitlan y partió a Veracruz, donde derrotó fácilmente a Narváez y se atrajo a la mayoría de sus hombres mediante sobornos o amenazas y con la promesa de hacerlos ricos. Pero Alvarado no se quedó quieto y sospechando que sería víctima de un ataque, perpetró la masacre del Templo Mayor. Cortés volvió a Tenochtitlan solo para encontrarse al *tlatoani* y a la nobleza mexica furiosos y presos de la sed de venganza por la matanza de sus jóvenes guerreros. Los mexicas intentaron aniquilar a los españoles, quienes tuvieron que salir huyendo de la ciudad en la famosa Noche Triste, en medio de una tormenta y una lluvia de flechas, que algunos ahora consideran un episodio feliz y ya hasta le cambiaron el nombre. Cortés salvó la vida de milagro, así como la mayoría de sus hombres; no así los soldados de Narváez que, avariciosos, se echaron a la bolsa lo más pesado que encontraron del tesoro de Moctezuma y se fueron con su botín al fondo del lago.

A salvo en territorio tlaxcalteca, durante meses, Cortés planeó aplastar ahora sí a la ciudad que lo humilló y a punto estuvo de atestiguar su muerte. Con la ayuda de los tlaxcaltecas mandó construir varios barcos pequeños (bergantines) para realizar el asedio de la urbe por agua y por tierra. Envió algunos hombres a Veracruz por los aditamentos que había reservado después de hundir sus naves (clavazón, velamen y mástiles). Cortó los suministros de agua, que venían de Chapultepec, y el abasto de alimentos; bloqueó los caminos e hizo la guerra por agua con los 13 bergantines, y por tierra, colocando a sus más diestros y fieles capitanes para que combatieran a los indígenas.

Finalmente, la ciudad cayó derrotada no solo por la guerra, sino también por el cansancio, el hambre, la desmoralización y sobre todo por la epidemia de viruela que cobró primero la vida de Cuitláhuac, y después la de miles de almas que no tenían anticuerpos para los virus que traían los europeos.

Por la proporción de muertos de procedencia española e indígena en el sitio (entre 50 y 100 españoles y 100 mil indígenas) es posible señalar que los españoles fueron solo la fuerza de mando, la que diseñó y ordenó la estrategia, pero la fuerza operativa, quienes armaron y cargaron los barcos, arrastraron las piezas de artillería, desazolvaron canales, limpiaron calzadas, recogieron muertos y guerrearon el grueso de las batallas fueron los aliados de Cortés, cholultecas, tlaxcaltecas, texcocanos y el resto de los pueblos ribereños. La guerra la pelearon y la ganaron indígenas contra indígenas.

Díaz después, cuando en Coyoacán se organizó el banquete por la celebración del triunfo español sobre los mexicas, no todos los vencedores recibieron invitación. Algunas viudas de los muertos en el asedio no fueron requeridas y pronto los españoles comenzaron a recelar del desigual trato y más aún del reparto del botín obtenido. Las murmuraciones y la maledicencia se desataron y serán un fantasma que perseguirá los pasos de Cortés, quien asignó alrededor de 500 encomiendas entre sus más allegados. Pero esta no durará eternamente y los encomenderos deberán buscar otras formas de subsistencia, ya que la Corona prohibirá que se hereden a una tercera generación.

Al tiempo que Cortés se internaba en territorio mexica, en España se erigió el Consejo de Indias con un presidente, ocho consejeros, un canciller, tres relatores, cuatro contadores, un secretario de cámara y justicia, un cronista mayor, un cosmógrafo, un alguacil, un procurador de pobres, un tasador de procesos, amén de otros burócratas que formaban parte de dicho órgano que tenía jurisdicción sobre millones de kilómetros cuadrados tanto en el mar como en la tierra, y sobre asuntos civiles, políticos, militares y criminales; consejo que conjuntamente con el rey dirimía pleitos, dictaba pareceres y emitía leyes para el gobierno de las Indias Occidentales y Filipinas, es decir, para todos sus territorios en América y Asia.

LAS ORILLAS DEL MUNDO

La conquista de México no fue un hecho que provocó la sujeción unánime de miles de habitantes que poblaban el vasto territorio mesoamericano al momento del contacto con los europeos. No existían fronteras claras, pues el territorio era profuso, difuso y confuso. Hay que recordar que los actuales estados de Nuevo México, California, Texas, Arizona, Luisiana y Florida pertenecieron a Nueva España y después a México hasta la guerra con Estados Unidos, en la que pasaron a ser parte de dicho país. Dichos territorios se mantuvieron casi inhabitados durante siglos debido a su lejanía de la Ciudad de México y de las principales rutas comerciales, salvo algunas misiones y presidios que nunca rebasaron el millar de habitantes.

El fenómeno de la conquista del gigantesco territorio novohispano y el septentrión fue más bien como el que se levanta en la superficie del agua al arrojar una piedra: se van produciendo círculos u oleadas pequeñas y eso es más parecido a cómo sucedió la conquista y sometimiento de los pueblos indígenas. Pasaron muchos años, y en algunos casos incluso siglos, para que el territorio quedara más o menos sujeto a las autoridades españolas, ya que aún bien entrado el siglo XVIII diversas tribus indígenas del norte seguían atacando los asentamientos y caravanas españolas. Además de que los pueblos jamás alcanzaron una densidad importante de presencia española que les permitiera un control más eficiente del territorio y su población nativa.

Indicios arqueológicos e históricos aseguran que, antes del contacto con los europeos, el norte del territorio mesoamericano estaba poblado por unos dos millones y medio de indígenas. En 1678 se calcula que todavía habitaban aquellos inmensos territorios alrededor de un millón de nativos, pero hacia mediados del siglo XVIII la cifra descendió dramáticamente a solo 350 mil. En contraste, los españoles, sumados a sus criados, esclavos mulatos y negros, y a los mestizos, apenas alcanzaban la cifra de 15 mil individuos. Eso explicaría la relativa facilidad con la que los hispánicos pudieron avanzar y erigir ciudades y villas en grandes extensiones de la región septentrional (aunque, como ya lo mencioné, siempre fueron fundaciones pequeñas con población muy escasa), que parecían deshabitadas porque además los moradores nativos no eran sedentarios como en el centro y el sur del territorio, sino, principalmente, cazadores y recolectores seminómadas.

FRONTERAS ASEDIADAS
POR BÁRBAROS E INDÓMITOS

E n Nueva España muy pronto los españoles conocieron la existencia de un extenso territorio entre el reino de los tarascos y la provincia de Pánuco, que después se llamó genéricamente la Gran Chichimeca, por estar poblada por indígenas indómitos que no se sujetaban al poder virreinal y que constantemente provocaban serios descalabros a las autoridades.

Acompañados por sus aliados tlaxcaltecas y purépechas, principalmente, los españoles fueron penetrando con muchas dificultades en los territorios al norte de la Ciudad de México. No encontraron densos núcleos urbanos como en el centro de la región; en cambio, había civilizaciones menos complejas, más rudimentarias. Entre los diversos grupos que poblaban dicha zona se encontraban coras, caxcanes y zacatecos.

Con el descubrimiento de minas en Zacatecas se hizo indispensable la fundación de pueblos y ciudades a lo largo del Camino Real de Tierra Adentro para proteger el comercio de la plata. Así, Querétaro, Aguascalientes y San Luis Potosí fueron fundados en distintos momentos, como parte de dicho camino, con el afán de proteger la ruta comercial en aquellos territorios considerados peligrosos e inhóspitos.

Los ataques de los chichimecas o bárbaros consistían en robar comida y vestido (la plata y el dinero no les interesaba), y muy pocas veces las víctimas conservaban la vida. La rebelión del Mixtón que estalló en Nueva Galicia solo 20 años después de la caída del Imperio mexica fue la más cruenta entre españoles e indígenas después de la guerra de Conquista y puso en severos aprietos al régimen virreinal. A pesar de las numerosas muertes en ambos bandos, entre las que se cuenta la del odiado conquistador Pedro de Alvarado (llamado Tonatiuh por su rubia cabellera), quien terminó aplastado por su propio caballo en una resbalosa cañada, los aguerridos chichimecas se negaban a obedecer a las autoridades.

La revuelta solo fue sofocada cuando el mismo virrey Antonio de Mendoza acudió en persona con una columna de soldados y arrinconó a los rebeldes en Jalpa, cerca de Zacatecas. El líder indígena Francisco Tenamaztle terminó entregándose y fue enviado a Valladolid, España, donde murió unos años después.

El territorio era enorme, por lo que fue necesario dividirlo en reinos para intentar la sujeción, buen gobierno, explotación de los recursos y catequización de los miles de nativos que lo habitaban, así que se establecieron tres provincias: Nueva Galicia, Nueva Vizcaya y Nuevo León.

Nueva Galicia, que tenía su propia Audiencia en Guadalajara, aunque los funcionarios del Consejo de Indias, virreyes y obispos muchas veces se cuestionaron su utilidad para dirimir los pleitos y las quejas en aquella provincia, comprendía los actuales estados de Jalisco, Colima, Zacatecas, Aguascalientes, Nayarit y la parte sur de Sinaloa y Durango, con una población aproximada de 200 mil habitantes. Las actividades económicas más importantes de la región eran la explotación de las salinas, la pesca y, por supuesto, la plata.

Hacia 1600, en Guadalajara, la capital de Nueva Galicia, vivían entre 500 y 600 españoles repartidos en 160 casas aproximadamente; eran tres mil habitantes en total, tomando en cuenta indígenas y castas. A pesar de que hacia 1650 la población aumentó a 5 500, la ciudad distó de ser una gran metrópoli, como Puebla o la Ciudad de México, aunque los cronistas la describen con buen clima, hermosas casas con grandes huertos y jardines. A su vez, en Zacatecas, con una población grande, aunque fluctuante, vivían unas 1 400 personas en una sola calle de una legua de largo (por más de cinco kilómetros) y en las pequeñas calles aledañas que no tenían orden ni concierto. En un inicio se pretendía solo aprovechar el mineral de la zona, por lo que de real de minas pasó a ciudad, pero esta creció de manera aleatoria y desordenada. Fresnillo, otro real importante, tenía apenas 300 vecinos. Es necesario recordar que un vecino designa, por lo regular, a un español cabeza de familia propietario de un solar, armas y caballos. En todo el territorio neogallego se calcula la presencia de unos 20 mil españoles.

Por su parte, Nueva Vizcaya comprendía los actuales estados de Durango, con capital del mismo nombre y título de ciudad hasta 1630, y los territorios de Chihuahua, parte de Coahuila, Sonora y Sinaloa. Mientras que en Mazatlán a finales del siglo XVII vivían unos 20 españoles, Culiacán estaba habitada por no más de 100 y Saltillo, por 150. A mediados del siglo XVIII, Sinaloa y Sonora albergaban unos 94 mil habitantes.

La presencia española era realmente escasa, en cambio, enormes extensiones permanecían pobladas por una gran variedad de tribus indígenas, entre las que se encontraban tobosos, jocones, cocoyones, acodames, baborigames, apaches, gileños, norteños, natajes, cholonas, sumas y tarahumaras, por mencionar solo algunos.

En aquellas regiones las hostilidades de los indígenas también se mantuvieron activas y amenazantes durante los tres siglos de dominación. Ataques a ranchos, haciendas y minas eran lo cotidiano. El norte se encontraba siempre falto de hombres y auxilios para proteger los caminos por los que debían transitar mercaderes y arrieros, vendedores de mercancías que abastecían de diversos bienes las lejanas provincias. Tal situación de peligro, precariedad y aislamiento ocasionaba no solo el abandono de ranchos y haciendas, sino la escasez y el encarecimiento de los productos más esenciales, como telas, tijeras, clavos, zapatos, libros, espejos o utensilios de cocina, entre muchos otros que llegaban con alguna caravana de comerciantes, con suerte después de varios meses, incluso años.

Por último, el reino de Nuevo León comprendía el actual estado del mismo nombre y Tamaulipas, junto con la provincia de Culiacán y Saltillo, entre otras. Por encontrarse alejado del camino en línea recta de Tierra Adentro (el camino de la plata) y por lo tanto de las minas tan ansiadas por sus metales preciosos, pero también de las principales ciudades y puertos, como Puebla, Ciudad de México y Veracruz, padeció todavía un mayor aislamiento, la falta de suministros, de noticias y de una migración más sólida. La capital Monterrey, también llamada Santa Lucía, era tan solo "un lugarcito de españoles" en el que apenas vivían 20 vecinos que ni siquiera tenían casas de adobe, sino de "empalizada embarrada" por ser muy pobres. La población nativa había desaparecido casi por completo así que estaba compuesta mayoritariamente por españoles, mestizos e indios originarios de la zona central de Nueva España. Y los coetáneos la describen como un territorio enorme, con valles fértiles, ríos, arboledas y montes aptos para ser habitados pero en los que no se veía ni un alma.

En efecto, la gente prefería vivir en lugares densamente poblados. La soledad era un castigo terrible hasta para los presos de la Inquisición, a los que se asignaba un compañero de celda para matar el tedio. El norte se mantuvo bastante inexplorado y poco cartografiado, y fue territorio de guerra hasta el siglo XIX. La Corona española alentó dicho desconocimiento y la vaguedad de sus fronteras, en parte debido al temor de que tan valiosa información cayera en manos de los rivales europeos que siempre miraron con codicia y envidia la riqueza de los inmensos dominios, de los cuales no recibieron participación alguna.

Las míticas ciudades de La Florida, Nuevo México, Cíbola, las Siete Ciudades, junto con la tierra de las Amazonas, poblaron el imaginario de aquellos hombres que anhelaban tierras ricas y abundantes, llenas de tesoros por descubrir.

La realidad, tal y como lo atestiguó Alvar Núñez Cabeza de Vaca en su periplo por el norte novohispano, que duró ocho años, era más bien lo contrario. Florida no tenía yacimientos de oro ni plata, la geografía era pantanosa y los nativos indómitos, por lo cual dicho territorio, junto con Luisiana, se mantuvo sin una presencia española importante. El despoblamiento de extensas regiones por la caída demográfica de los nativos permitió el establecimiento de prósperas ganaderías que se adueñaron del espacio con el correr del siglo XVI. Colonos franceses, ingleses y norteamericanos fueron estableciendo fuertes y poblados, y adueñándose de aquellas regiones que después (guerras y tratados mediante) pasarían a manos de Francia y finalmente de Estados Unidos.

En efecto, al norte se encontraban diversos pueblos que se negaban a someterse al dominio español más de un siglo después de consumada la conquista del centro de México. Sucedía con frecuencia que los nativos chichimecas atacaran los carros que recorrían tierra adentro para surtir de diversas mercancías a los reales mineros. Incluso, en alguna ocasión las "justicias" persiguieron a un grupo de asaltantes, conformado tanto por hombres como por mujeres, al que, poniéndoles sendas colleras (argollas de cuero en el cuello), enviaron a la Ciudad de México para que los franciscanos los catequizaran y de paso los amansaran.

Los jesuitas fueron encomendados a las regiones más septentrionales, como la Alta California y Texas, para contener el avance de dichas tribus y promover la penetración del cristianismo. Las misiones eran la estructura básica de la región y se encontraban íntimamente ligadas a los presidios, conjuntos amurallados de edificios simples, construidos de adobe y madera bastante endebles, en los cuales vivían soldados con poco equipamiento, escaso entrenamiento y casi nula disciplina, pero que conocían el estilo de guerra de frontera, es decir, sabían sacar a los indios de barrancas y cuevas a terreno abierto donde eran atacados con lanzas y arcabuces (armas tipo fusil).

Denominados de forma genérica y despectiva como *chichimecas*, es decir, bárbaros, ocasionaron constantes quebraderos de cabeza a las autoridades virreinales durante los tres siglos de vida novohispanos. Los presidios estaban habitados por hombres de armas que debían vigilar y defender las fronteras del mundo conocido; tarea casi imposible porque la población era muy escasa y la mayor parte estaba constituida por los indígenas de las misiones, quienes a pesar de los esfuerzos jesuitas no se congregaban en los pueblos más que para la ceremonia litúrgica y vivían desperdigados en pequeñas chozas de adobe sin chimeneas ni ventanas, casi como lo hacían antes de la presencia europea en aquellas tierras.

Las variedades lingüísticas, las enormes distancias y las dificultades de los traslados y del entorno provocaron que los religiosos desesperanzados se apoyaran en los nativos que se convertían al cristianismo y asumían la catequesis de sus comunidades. El miedo a sufrir un ataque por parte de los indios guerreros, enfermar bajo el conjuro de algún curandero local o, peor todavía, ser devorado por los indios, como les sucedió a varios jesuitas en Guadiana, sumado a la sensación de fracaso y la soledad, formaban parte del diario acontecer de los religiosos de las misiones. Escorpiones, serpientes venenosas, arañas y las incursiones apaches, completaban el cuadro terrorífico con el que los misioneros lamentaban encontrarse tan lejos del terruño.

Hay que recordar que las distancias se hacían a lomo de mula, en carreta, si se tenía suerte, o a pie en caso de no tener dinero. Eran largos trechos sin ver vida humana o vida humana conocida, bajo el temor de un ataque, atenazados por el calor, la sed, la falta de víveres y la incomunicación.

No se estableció un tráfico regular con Nueva Vizcaya, así que las escasas noticias y mercancías que les llegaban en carros desde la Ciudad de México tardaban al menos seis meses en aparecer y, aunque a principios del siglo XVII las autoridades virreinales proyectaron el envío de mercancías tres veces al año, la realidad era que los habitantes de tan remotas tierras pasaban cinco o seis años sin tener contacto alguno con el resto del virreinato.

La autosuficiencia y la autodefensa fueron la norma en aquellos territorios escasamente poblados, cuyas enormes distancias se veían además siempre amenazadas por ser tierra de guerra. Se consumía solo la producción local, ya que la distancia y la dificultad de transportar hasta allá los productos los encarecía muchísimo. La gran mayoría de los habitantes vivían con una relativa sencillez e incluso los esclavos eran escasos por ser un bien costoso. Las ciudades y villas no rebasaban el millar de habitantes europeos en el caso de las más populosas, mientras que en casos más extremos el número de lugareños se reducía a una veintena de vecinos. Algunas poblaciones de Durango y Chihuahua se establecieron con la presencia de tarascos y tlaxcaltecas.

En la década de 1630, la situación cambió al descubrirse minas en Parral, lo que ocasionó una inmigración importante, sobre todo de las provincias de Sonora y Sinaloa, que aportaron la principal mano de obra para las minas y el trabajo agrícola, por lo cual, años después, dicho real alcanzó la nada desdeñable cifra de 10 mil habitantes. Chihuahua fue la última fundación española del norte novohispano, y a principios del siglo XVIII ya contaba con 25 mil habitantes. Dicho asentamiento permitió abrir y sostener con mayor periodicidad el tráfico de mercancías y bastimentos con la lejana gobernación de Nuevo México, rompiendo o mitigando su reclusión. En el caso de Texas, aun a sabiendas de las pretensiones francesas sobre ese enorme territorio que colindaba con Luisiana, el poblamiento de la región fue más bien débil a pesar de la fundación de San Antonio a inicios del siglo XVIII.

El último poblado español antes de llegar a Santa Fe en Nuevo México era el enclave más alejado de todo el territorio novohispano, y estaba situado a mil kilómetros. En Nuevo México vivían alrededor de 20 mil almas, pero en aquella

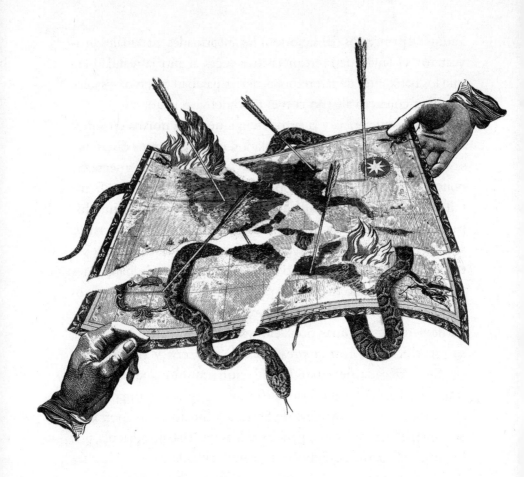

región ningún asentamiento rebasaba los 3 mil habitantes. La mayor parte de los españoles que vivían en el norte eran criollos. Resultaba muy raro que un peninsular recién desembarcado se dirigiera al inhóspito y desolador norte novohispano como no fuera para fundar una misión y seguir un apostolado. Por lo general quienes migraban a tan recónditos parajes habían nacido o vivido en la Ciudad de México, Puebla o en los reales mineros, como Zacatecas y San Luis Potosí.

El persistente despoblamiento de aquella vastísima zona sería determinante (aunque no la única razón, por supuesto) de la pérdida del territorio en la guerra con Estados Unidos a mediados del siglo XIX.

Por otro lado, hacia el sur, en los actuales Tabasco, Chiapas, Yucatán y Guatemala, los mayas tampoco se mostraron muy dóciles a la sujeción española. Los prolongados enfrentamientos, las dificultades para asentarse y la "pobreza de la tierra", aunados a la muerte de sus compañeros y los rumores de grandes yacimientos de oro y plata en Perú, fueron desalentando a los soldados españoles, que desengañados abandonaban la empresa de conquista y poblamiento del sureste.

Los Montejo (padre, hijo y sobrino), los tres de nombre Francisco (eso de los nombres originales y extravagantes no se daba en aquellos tiempos), intentaron por diversos medios y estrategias durante más de 20 años la conquista y pacificación de aquellas tierras, junto con el sometimiento de los mayas, pero la empresa fue larga y tortuosa y nunca se consideró realmente concluida. Sin embargo, a diferencia de las tribus del norte, los mayas optaron por huir durante los siglos XVI y XVII hacia la selva del Petén; formaron una especie de barrera que frenó el avance español.

LOS MENDIGOS DEL MAR:
CORSARIOS, PIRATAS Y FILIBUSTEROS

Las fronteras del mundo conocido no eran solamente aquellas descomunales extensiones de tierra de accidentada geografía en las que no se veía ni un alma. Otra frontera natural era, por supuesto, los océanos. Las costas novohispanas se mantuvieron despobladas y esa ausencia de habitantes se prolongó hasta bien entrado el siglo XX. No fue hasta 1952, cuando el presidente Adolfo Ruiz Cortines ideó el plan La Marcha al Mar, que los litorales mexicanos comenzaron a ser entendidos, atendidos y explotados.

El despoblamiento de los siglos virreinales tenía su origen en varias razones, entre las que se encontraba la idea de la Corona de que la ausencia de habitantes, y por ende de ciudades en forma y de sus riquezas, desalentaría los ataques piratas de los Perros del mar, los Demonios del mar o los Mendigos del mar, como se les llamaba en aquel entonces. Por otro lado, se tenía la idea de que los aires del océano eran dañinos para la salud, además de que las playas no suponían lugares de recreo, descanso, ni siquiera de convalecencia de los enfermos. La costumbre de ir a curarse al mar será una invención de los médicos europeos del siglo XIX.

Como muestra tenemos a Veracruz, que a pesar de ser el puerto americano más importante del Atlántico, era un páramo de arena, con arroyos sinuosos, ciénagas, charcos de agua estancada, que sumados a los enjambres de moscos, jejenes y otras alimañas, no daban respiro a los habitantes. Las lluvias torrenciales dejaban un ambiente soporífero y húmedo que hacía proliferar animales repugnantes, como los sapos enormes que según los cronistas podían ser del tamaño de un sombrero. Asimismo, podían verse cocodrilos y caimanes en los márgenes de los pantanos que en cualquier momento se enfilaban a la calle para comerse a algún cristiano. Las casas eran toscas construcciones de madera y vigas sin adornos ni encalados; en tiempos de lluvias, las paredes y los techos parecían pudrirse, mientras que en los meses de estío la madera podía prenderse con una chispa que propagaba el fuego por todas las casas, lo que causaba la ruina y muerte de los habitantes. Así que, en aquel entonces, nadie vivía en el puerto por gusto.

El segundo bemol que tenían las costas novohispanas, para nada desdeñable, consistía en los frecuentes ataques de piratas y corsarios. El primer asalto pirata a una embarcación salida de lo que después sería Nueva España con destino a la península ibérica fue el perpetrado por Jean Fleury, conocido como Juan Fleury o Florín, quien interceptó los barcos que llevaban parte del tesoro de Moctezuma, enviado por Hernán Cortés al rey Carlos V.

Los piratas infestaban los mares, pero en Nueva España no existían guarniciones permanentes en los puertos, ni policía, ni ejército profesional que custodiaran y resguardaran las plazas, a pesar de que se crearon las milicias de pardos a finales del siglo XVI y no fue sino hasta dos siglos después que su presencia sería más efectiva y nutrida en las costas. Es así como, desprotegidas, las costas de Campeche y Veracruz sufrían a menudo los ataques de corsarios ingleses, franceses y holandeses que rondaban las aguas del Caribe y las Antillas para interceptar a las flotas mercantes que hacían la ruta comercial entre América y Europa. A pesar de haber sido creada para proteger y cuidar el paso de dichas flotas, la Armada de Barlovento no funcionaba con regularidad, así que los puertos estaban a merced de los filibusteros. Aprovechando esas desventajas, los piratas asediaban constantemente aquellos mares, tratando de hacerse con algo de las inmensas riquezas (plata, grana cochinilla, palo de Campeche, cacao, entre otros productos) enviadas a España. Así, en agosto de 1562, unos 30 piratas franceses atacaron las naves ancladas en Campeche, quemaron la villa, raptaron a cinco mujeres y robaron todas las pertenencias de valor de la población, que huyó despavorida al monte. Quince hombres y varios soldados que habían llegado de La Florida unos días antes alcanzaron a los atacantes; mataron a 15 y apresaron a cinco. El resto logró huir, luego de abandonar lo robado en la playa. Los presos fueron ahorcados al día siguiente.

Por otra parte, a finales del siglo XVI, el inglés John Hawkins (llamado Aquinés por la castellanización de su nombre) y sus secuaces estuvieron a punto de hacerse con los siete millones de plata embarcados en los galeones que estaban listos para partir a España. Sin embargo, el pirata y sus hombres cayeron ante la ofensiva del virrey Martín Enríquez de Almansa. Los que no lograron esconderse y perderse por los pueblos y selvas fueron llevados a las cárceles inquisitoriales para ser juzgados por herejes.

Nuevamente en Campeche, en 1597 el filibustero William Parker desembarcó en la madrugada. La ciudad estaba poblada por unos 500 españoles y en los barrios habitaban unos 8 mil indígenas. Aunque los invasores fueron repelidos y tuvieron que huir en una piragua (embarcación larga y estrecha, similar a la canoa), tomaron a algunos prisioneros y los amarraron de los brazos para formar una valla o escudo humano y protegerse de las balas españolas. Asimismo, lograron hacerse con mercancías importantes como el preciado palo de tinte o palo de Campeche, cera y miel. Unos días después también robaron un barco en San Juan de Ulúa que llevaba la codiciada plata americana, así como diversos objetos de lujo.

Todas aquellas mercaderías, sumadas a los esclavos, después se vendían en Francia e Inglaterra, que fueron durante decenios los grandes enemigos de la monarquía hispánica.

A los conocidos nombres de Francis Drake, Walter Raleigh y Henry Morgan se suman otros, como Diego *el Mulato* y Pie de Palo, quienes, aunque de apelativos menos ostentosos, también asolaron constantemente las costas del Golfo, obligando a las autoridades españolas a fortificar una y otra vez las defensas y a intentar tener una guarnición de hombres capaces y bien abastecidos, apoyados por varias centenas de indios flecheros.

El siglo XVII no dio tregua y el pirata inglés Lewis Scott atacó Campeche en 1667. Desembarcó, saqueó la villa durante tres días y la dejó en ruinas. Lo que más preocupaba a los pobladores no era solo el robo de sus pertenencias y mercancías de valor, sino el secuestro de sus seres queridos, ya que una de las formas de financiación y enriquecimiento de los piratas era secuestrar a decenas de personas para posteriormente exigir un jugoso rescate.

Así, el temido pirata Laurens de Graff, en castellano Lorenzo de Jácome, también conocido como Lorencillo, por su baja estatura, perpetró uno de los ataques más trágicos que ha sufrido el puerto de Veracruz. El saqueo fue uno de los más terribles y vergonzosos que padeció Nueva España a manos de piratas. Pese a que Lorencillo atacó en diversas ocasiones varios puertos caribeños y novohispanos, aquel fue el más terrible para los habitantes de la villa rica.

Todo comenzó cuando una mañana dos embarcaciones anclaron y permanecieron en quieta vigilancia, pero sospechosamente no hubo desembarco. Las autoridades del puerto pensaron que eran unos navíos cargados de cacao, cuyo arribo se había esperado desde hacía días. Pronto se dieron cuenta del peligro y el encargado de la plaza trató de organizar las escasas defensas que había disponibles, pero no había mucho que hacer.

En la madrugada del día siguiente, once barcos anclaron en el puerto y los hombres desembarcaron en medio de la oscuridad, tomando a la población por sorpresa. Veracruz fue sitiada durante seis días. Aproximadamente, tres mil hombres, mujeres y niños fueron encerrados en la iglesia parroquial adyacente al convento de La Merced.

Los negros y mulatos de la ciudad fueron designados por los piratas para transportar el botín a los barcos anclados. Un religioso, testigo del terrorífico suceso, relataba que eran más de dos mil cargadores quienes llevaron los carros repletos de plata, baúles, joyas, herramientas, víveres, ropa, etcétera. Algunos calculan que lo saqueado ascendía a la estratosférica suma de siete millones de pesos, es decir, la producción anual de plata que se llegaba a enviar a España. Para dar una idea de la cuantía de lo robado, en aquel tiempo un caballo o un esclavo podían costar alrededor de 350 pesos.

Mientras tanto, el calor, la humedad, el hambre, la sed y el miedo hacían estragos en los prisioneros, quienes aterrados y hacinados en la iglesia temían la explosión de un barril de pólvora que los piratas habían colocado para desalentarlos de cualquier intento de rebelión o fuga.

A cargo del despojo dentro del templo, un mulato, acompañado de tres franceses, armado con un escoplo y martillo, iba arrancando vasos, lámparas, y la plata y las coronas de las imágenes, ante la mirada atónita y furiosa de los prisioneros. Los franceses solo observaban. Cuando llegaron a una de las capillas, se quedaron largo rato mirando los clavos de plata de un Cristo, pero no los desprendieron. El vicario solícitamente les dijo que los tomaran, no fuera a ser que después lo culparan de esconder los objetos de valor. Los franceses y el mulato dudaban. Contemplaban alternativamente la imagen del Cristo y al cura que mediante gestos insistía en que arrancaran los clavos, e incluso llamó a un hombre para que se subiera a quitarlos y se los diera a los piratas. Otro sacerdote enojado por la impertinencia del susodicho le llamó la atención ordenándole que dejara de insistir. El mulato siguió adelante con su escoplo.

Asimismo, negros y mulatos eran los encargados de proveer de agua y comida a los rehenes que se sofocaban hacinados en la iglesia. Mientras eso sucedía, otro indignado sacerdote acusaba a las negras y mulatas quienes, en el colmo del engreimiento, se pusieron los vestidos de sus amas y se montaron en los caballos del enemigo, paseándose abrazadas a los corsarios por la ciudad, pero según el religioso, muy poco les duró el gusto y muy caro les salió el chiste.

A la Ciudad de México llegaron las noticias del ataque al puerto cuatro días después del desembarco de los corsarios. Las campanas repicaron; se reunieron hombres, armas y caballos. La gente estaba asustada. Los comercios cerraron sus puertas; se rumoraba en las calles que los atacantes se contaban por miles. Las autoridades ordenaron que los hombres de entre 15 y 60 años se presentaran para dirigirse a caballo a defender el puerto. Mientras tanto, Lorencillo había pedido un rescate de 150 mil pesos para liberar a los prisioneros.

Los negros del pueblo de San Lorenzo de los Negros (hoy Yanga) que estaban mucho más cerca de Veracruz, acudieron prontamente al rescate de los desvalidos habitantes del puerto, pero fueron rechazados por la artillería de los saqueadores.

Lorencillo apuró la huida y en la retirada, aquel mulato del escoplo y el martillo liquidó a otro hombre al parecer por un pleito ya añejo. Lorencillo furioso le espetó: "¿Por eso matar a sangre fría? ¡Pues morir tú, perro!", y lo asesinó de un carabinazo.

Abandonaron a todos los prisioneros en la isla de los Sacrificios con apenas algunas prendas de ropa interior vieja y deshilachada para cubrirse las "vergüenzas". A las mulatas que un par de días antes se paseaban engalanadas del brazo de los piratas también las despojaron de todo dejándolas llorosas y en cueros. Finalmente separaron a negros y mulatos de ambos sexos (se calculan unos 1200) y se los llevaron; abandonaron a su suerte a los españoles en la isla con apenas un poco de agua y algo de pan. Finalmente, los infortunados habitantes fueron rescatados y llevados de vuelta al puerto.

Meses después, la Armada de Barlovento logró recuperar cinco barcos cargados con la plata y las mercancías robadas, así como los cientos de esclavos (que también valían otro tanto) robados por el legendario pirata. Pero Lorencillo siguió provocándoles dolor de cabeza a las autoridades virreinales por algunos años más, al asolar las costas de Tabasco, Campeche y Veracruz. Logró eludir a la justicia y aun vivió muchos años más para establecerse y morir de viejo en Mobile, Alabama, siendo uno de los primeros colonos de la región.

En el litoral pacífico los ataques piratas no fueron tan frecuentes ya que no era fácil encontrar refugio como en las Antillas. Thomas Cavendish a finales del siglo XVI capturó la nao Santa Ana de la flota que venía cargada con ricas mercaderías de Filipinas. Unos años después, algunos holandeses desembarcaron en Salagua, Colima, lo que reveló la desprotección casi total a la que estaba expuesta la costa pacífica. Joris van Spilbergen, también conocido como Jorge Spilberg, al mando de seis navíos y 48 cañones, había saqueado puertos en Chile y Perú, tomando prisioneros españoles. Navegó hacia el norte y en Acapulco, ante la falta de defensas, las autoridades españolas prefirieron negociar e intercambiar a los presos por víveres y agua además de dar mercancías y pertrechos, lo que evitó el ataque y saqueo del puerto. Mientras merodeaba en Zacatula, intentando capturar la flota de Manila, Spilbergen logró robar un barco cargado con perlas y pescado que iba de California a Acapulco. Aquellos piratas recibieron el apelativo de los Pichilingue (al parecer por su procedencia, un puerto holandés llamado Vlissingen, y ya se sabe que para pronunciar de forma extravagante no hay como los españoles). Conociendo lo sucedido en Acapulco, el general Sebastián Vizcaíno, gran conocedor del litoral pacífico y experto navegante, estaba a cargo de la defensa de aquellos desolados parajes, por lo que se adelantó para emboscarlos en Salagua. Reunió a varios negros, mulatos y españoles, desechando a los "muy gordos, demasiado flacos, enfermos y tuertos", para repeler el ataque del Pichilingue, quien fue emboscado cuando desembarcaba en Salagua, lo que propició su retirada.

Como los ataques a la costa del pacífico de Nueva España no eran tan sencillos ni exitosos como aquellos en Veracruz y Campeche, los piratas asediaban el puerto de Cavite en Filipinas. Las islas que desde la segunda mitad del siglo XVI dependían del virreinato de Nueva España y eran consideradas una región más que pertrechar y proteger, también sufrieron el constante asedio de piratas holandeses que, ávidos de hacerse con algunas de las riquezas, como seda, especias y porcelanas, no dieron descanso a los gobernadores de las islas.

En 1600 el holandés Olivier van Noort intentó capturar todos los barcos que se acercaran al puerto de Cavite. Ya desde 1567 los moradores y las autoridades de Manila, conscientes del peligro de los enemigos del Imperio español, habían insistido en la necesidad de instalar un astillero para el resguardo, reparación y protección de los barcos novohispanos. En 1608, Francisco Wittert, también holandés, se apostaría durante meses frente al puerto de entrada para impedir la llegada de embarcaciones chinas y japonesas. Diez años después, una decena de barcos se apostaron nuevamente durante meses, robando a los nativos del lugar y hundiendo barcos a diestra y siniestra. Finalmente, los españoles lograron atacarlos y destruir varias de sus naves entre las que se encontraba La Almiranta de Spilberg, el *Pichilingue*.

El acoso de los Perros del mar mantuvo a las islas en la precariedad y la zozobra, ya que si el galeón de Manila no zarpaba con destino a Acapulco, no había barco que llevara de vuelta el situado, impuesto que Nueva España debía pagar para sostener a otros reinos o provincias más pobres, como Filipinas. La escasez de hierro y plomo para construir barcos en aquella región dejaba en un lamentable estado de indefensión a Manila, que seguía asediada por piratas flamencos, ingleses y franceses. Por fin, en 1649 llegó a Filipinas un barco cargado con 100 mil pesos y 107 hombres, pero el gobernador Diego Fajardo, en una medida dramática y desesperada, ordenó que inmediatamente después de descargarlo se le prendiera fuego para evitar que cayera en manos del "enemigo holandés". Ante la radical e inconcebible medida tomada por el gobernador, a causa de la escasez de naves filipinas, el rey ordenó que los oficiales reales de Acapulco viajaran al Soconusco, Guatemala, y lo que hoy son El Salvador y Nicaragua, para comprar o embargar todas las embarcaciones que fuera posible, con afán de que el comercio entre Filipinas y Nueva España no se viera suspendido. Que no se nos olvide que los motivos principales de las travesías de tantos navegantes, como Colón, Magallanes y la conquista de Tenochtitlan se dieron por el deseo de llegar a Asia y establecer una ruta comercial. Años después de consumada la Conquista, Hernán Cortés insistía en construir astilleros en Tehuantepec y Acapulco para ir a Asia. De ahí que Puerto Marqués reciba su nombre en honor a Cortés, el marqués del Valle de Oaxaca.

A veces llegaban a la capital noticias desalentadoras de la mala fortuna de algunos navíos, como cuando a finales del siglo XVII se vieron en las costas de Tampico restos de un barco y cadáveres recientes, pero no se supo si había sido el navío de aviso de España o quizás una nao que venía de Campeche.

Los ataques de corsarios, filibusteros, piratas y bucaneros continuaron en los siglos XVII, y en menor medida a principios del siglo XVIII, ya que las naciones enemigas de España optaron por el contrabando que les reportó jugosas ganancias y, por ende, abandonaron la actividad pirática, no tan redituable como en los dos siglos anteriores.

Lo cierto es que Nueva España se formó como un territorio de costas prácticamente abandonadas (huella que aun hoy es posible percibir), mientras que su economía y población se desarrollaron hacia adentro, lejos de los mares.

DEL *HUÉHUETL* AL BADAJO
Y DEL COPAL AL INCIENSO

¿Cómo se escuchaba o a qué olía el mundo hace 500 años? No siempre han existido los mismos sonidos y olores, o al menos no siempre se han percibido de la misma manera. Por ejemplo, en las ciudades estamos habituados al humo de los coches, pero no al estiércol porque ya no transitan carretas ni carruajes tirados por bueyes, mulas o caballos. Nos es familiar el olor de las fritangas en la calle, de las coladeras en tiempos de estío; en cambio, estamos desacostumbrados al incienso y nos desagrada el olor de la basura. Reconocemos el olor de una tintorería y el de una panadería nos trae recuerdos felices o de infancia. Distinguimos el claxon de un camión del de una motocicleta o un coche, pero el repique de las campanas de las iglesias ha enmudecido a no ser porque anuncie alguna festividad como en el día de la Virgen de Guadalupe. La sensibilidad de una sociedad también cambia conforme su entorno, sus tradiciones y sus gustos se van modificando. La naciente Nueva España no será la excepción.

Antes de la llegada de los europeos, los sonidos que poblaban el aire del mundo mesoamericano provenían de los atabales, los tambores, los caracoles, las flautas, los *teponaztles* y los cascabeles, el canto de los pájaros, del rumor de las aguas y del viento, de los gritos de guerra. No se conocían los ruidos metálicos tan comunes en Europa, como lo eran los martillazos del herrero, los cascos de los caballos, el repique de las campanas. Por otro lado, en el mundo prehispánico, los instrumentos de viento estaban reservados para la noche, mientras que el huéhuetl, un gran tambor de madera, estaba destinado a las horas en las que había luz. Se tocaba al salir el sol desde el templo de Quetzalcóatl en la gran Tenochtitlan, y recibía una réplica de los alrededores; al fenecer el día, volvía a sonar. Al parecer había una serie de ocho o nueve sonidos de ese tipo a lo largo del día.

Con la llegada de los españoles se introdujeron nuevos sonidos. Además del principal y más evidente que era el castellano, una lengua absolutamente desconocida para los nativos, y en menor medida el latín, igual de indescifrable, se sumaron otros de origen animal que quizás en un principio resultaron aterradores, como el piafar y relinchar de los caballos, los ladridos de los perros, el mugido de las vacas, el canto del gallo, hasta los cantos litúrgicos.

Para atemorizar y aturdir al enemigo, una de las técnicas de guerra más eficaces que utilizaban los mexicas era gritar y tocar los tambores día y noche sin descanso. El soldado Bernal Díaz lo registra con pesadumbre y agobio cuando relata que al caer derrotada la gran Tenochtitlan todo quedó sumido en un silencio sobrecogedor, solo interrumpido por una lluvia pertinaz, porque ya ni siquiera se oían los lamentos de los sobrevivientes.

El tiempo, incluso hasta el más breve, corría a cargo de las campanadas de las iglesias en las ciudades, villas y pueblos. El día se dividía y ordenaba conforme llamaban a los oficios divinos: maitines, laudes, primas, tercias, sextas, vísperas, nonas y completas, pero también repicaban de forma particular, como tocar a rebato para alertar de un peligro, un incendio o un ataque pirata; o a entredicho cuando se suspendía la administración de sacramentos; para rezar, llamar a misa o anunciar la muerte de un miembro de la familia real; para la celebración de una fiesta, avisar de la llegada de un nuevo virrey o arzobispo, entre otros sucesos importantes.

En cuanto a los olores previos a la llegada de los europeos, destaca el del copal, que tenía muchos usos y era costumbre extenderlo todas las mañanas sobre el rescoldo del brasero doméstico como remedio para curar tumorcillos, purificar y como resina para pegar; otro más era el de la leña, único medio de combustión, y el de las flores: había una gran afición entre los nobles por las flores, que llevaban en sendos ramilletes en las manos para aspirar su aroma a lo largo del día.

Las ofrendas a sus dioses tenían también grandes arreglos florales que quizá buscaban contrarrestar otro de los olores más importantes en las culturas prehispánicas: el de la sangre de los sacrificados. Las fiestas en honor a los dioses suponían el sacrificio de miles de cautivos en ceremonias que duraban días enteros. Los españoles describen con horror el hedor del templo de Tlatelolco, adonde tan orgullosamente los llevó el *tlatoani* mexica. Las paredes estaban cubiertas de costras y había corazones quemados colgando. Habrá que sumar el olor de las vísceras y trozos de carne de los sacrificados. En la Ciudad de México hay que añadir el hedor que seguramente desprendía el gigantesco *tzompantli*, la estructura de madera con los cráneos de los enemigos sacrificados, que sumaban más de 72 mil.

Dado que no existían cerdos, vacas ni caballos antes de la Conquista, es posible imaginar que las ciudades eran relativamente limpias. La Ciudad de México tenía un ingenioso sistema de recolección de excrementos. Al estar rodeada de lagos, se colocaba una canoa bajo los puentes, en la cual era posible ir a defecar. Posteriormente, esos desechos se trasladaban a otro lugar para utilizarlos como abono o para el encurtido de pieles. Incluso, era común que se orinara contra la barda de algún vecino de dudosa reputación, para mostrarle desagrado.

Poco a poco también el paisaje olfativo empezó a cambiar. La llegada de animales de tiro y de carga, como bueyes, caballos, mulas y burros, y la del ganado menor, como cerdos, cabras, borregos y gallinas, fueron invadiendo con sus olores propios

ese mundo virreinal que se iba construyendo. Irrumpieron también la manteca de cerdo para cocinar e ingredientes nuevos con su peculiar aroma, como la cebolla, el orégano y el ajo.

El incienso sustituyó al copal; se sumó al olor de la cera y del sebo de las velas, con su humo correspondiente, y desapareció el hedor de la sangre y las vísceras humanas, al menos como lo conocían las culturas prehispánicas previas al contacto, ya que tanto los rastros como las carnicerías se instalaron en las afueras de la ciudad para no ofender a la población con los desechos, la sangre y las pestilencias. Pero se sumarían otros olores, como el del pan recién horneado inexistente en el mundo mesoamericano; el de la pólvora, que si bien en un inicio asustaba a los nativos en el atronar de la artillería, poco a poco se fue convirtiendo en elemento principal de las fiestas, ya que era indispensable para los gustados fuegos artificiales; y el de la peste de los cuerpos corrompidos por las epidemias que antes de la llegada de los españoles no existían y que cobraron la vida de millones de indígenas.

El mundo jamás volvió a escucharse ni a olerse, igual.

PALIMPSESTOS POR MILES:
LA EVANGELIZACIÓN

México es un país mayoritariamente católico, lo cual se debe en gran parte a que los frailes a lo largo del siglo XVI llevaron a cabo con fervor y dedicación la evangelización de miles de indígenas. Lo que no nos han explicado es cómo unos cuantos españoles lograron la conversión de esos cientos de miles o por qué medios lo consiguieron. Nos cuesta imaginar cómo fue que los religiosos penetraron en las conciencias de aquellos seres humanos con los que no compartían concepciones morales, religiosas, sociales y económicas, y cómo les hicieron comprender la propiedad privada, la monogamia, el pecado, el arrepentimiento, la culpa, la confesión, el cielo o el infierno inexistentes en el mundo prehispánico. Los españoles estuvieron dispuestos a tolerar la permanencia de algunas prácticas rituales, como los bailes, la música, el arte plumario o el uso de flores. Otras costumbres no fueron negociables y dos de ellas fueron el sacrificio humano y la antropofagia.

Empecemos por lo más elemental, pero que por su obviedad pocas veces nos detenemos a reflexionar: no había un lenguaje común entre españoles e indios. Ni hablado, ni escrito. Los indios desconocían la escritura y obviamente el alfabeto, ya que su modo de representación del mundo era pictográfico. Si no había palabras escritas o habladas, gestos compartidos o ademanes claramente identificables, la comunicación era imposible.

Es como si de pronto apareciera un marciano. ¿Cómo explicar a alguien que no estuvo presente para verlo cómo es un extraterrestre, de qué está hecho, si emite sonidos, qué apariencia tiene, a qué se parece? La experiencia previa de los europeos en las Antillas era distinta, pues se habían enfrentado a sistemas menos complejos, social, económica, religiosa y culturalmente hablando. Las civilizaciones que fueron encontrando conforme avanzaron en aquel territorio enteramente nuevo para los europeos representaban un gran reto por su enorme grado de complejidad y organización.

Al principio, los españoles intentaban entender y hacerse entender como podían, sobre todo para mantenerse con vida en ese mundo que les era completamente ajeno. A veces da la impresión de que tenían una curiosidad etnográfica por registrar gestos, detalles, comportamientos y rituales, pero esa observación acuciosa tenía una doble intención, que no era científica ni antropológica: se trataba de identificar cualquier amenaza posible para preservar la vida y al mismo tiempo sacar provecho de la situación, y llevar a cabo un intercambio, una transacción y por consiguiente, obtener un beneficio.

Con Cortés llegaron dos religiosos, Juan Díaz y Bartolomé de Olmedo. Posteriormente se sumaron tres franciscanos, dos de los cuales perdieron la vida en la fatídica expedición cortesiana a Las Hibueras. Los franciscanos que llegaron después a Nueva España, enviados por órdenes del papado y de Carlos V, fueron doce como los apóstoles de Jesús. No era casualidad. Toda la empresa evangelizadora conllevaba una simbología y un sentido dentro del espíritu mesiánico de su tiempo: atraer las almas de aquellos que vivían en la gentilidad.

Esos religiosos desembarcaron en Veracruz con una misión titánica a cuestas. Salvar a millones de almas que vivían sin conocer al verdadero Dios. Realizaron el camino hacia la Ciudad de México enteramente a pie desde Veracruz, a pesar de que Cortés les envió caballos para evitarles la fatiga y los peligros de una accidentada geografía. Uno de esos primeros franciscanos, fray Toribio de Benavente, descalzo y con el hábito raído, escuchaba que los indios lo señalaban y le llamaban: "¡Motolinía!, ¡Motolinía!", que en náhuatl quiere decir "el pobre" o "el afligido". A partir de ese momento y hasta su muerte, el franciscano se hizo llamar Motolinía. Poco después fueron sumándose otros religiosos. Pero no podemos engañarnos. Es inverosímil pensar que apenas dos docenas de frailes españoles llevaran a cabo la descomunal tarea de convertir al cristianismo a cientos de miles de indígenas. La participación de los nativos, como auxiliares, intérpretes, catequizadores y guías en aquella empresa es innegable, y fue determinante para acometerla con el exitoso resultado que aún hoy es perceptible.

Conforme avanzó el siglo XVI, se sumaron otros franciscanos y pocos años después los dominicos, seguidos de los agustinos, a los que se les asignaron distintas regiones para llevar a cabo su labor misional. Así, en Oaxaca fueron los dominicos, conocidos como la Orden de Predicadores, quienes lideraron la evangelización de los indios. Los franciscanos, en la Provincia del Santo Evangelio, recibieron Puebla y Tlaxcala, y los agustinos quedaron a cargo del Santísimo Nombre de Jesús en Hidalgo y parte de Morelos.

A finales del siglo XVI, vivían alrededor de 380 franciscanos repartidos en 80 casas, 210 dominicos en 40 casas y 212 agustinos también en 40 casas. El reducido número de religiosos, en comparación con la enorme población indígena de aquel tiempo, da cuenta del indispensable apoyo de los ayudantes indígenas en la labor evangelizadora. Posteriormente llegaron también los mercedarios y los carmelitas, cuyos sendos conventos en la Ciudad de México todavía se mantienen en pie. Los jesuitas o la Compañía de Jesús, que fueron los últimos en llegar a Nueva España, se encargaron principalmente de la educación de las élites criollas y de las misiones en el noroeste novohispano, sobre todo en California y Sonora, como ya lo vimos.

Aquellos primeros religiosos vinieron con el anhelo de atraer almas al seno de la Iglesia en un momento en el que en Europa miles de feligreses habían sucumbido a los grandes enemigos del catolicismo: los protestantes, como Juan Calvino o Martín Lutero. América se les presentaba como la gran oportunidad de redimir a los indios que se consideraban gentiles o infieles, no herejes, ya que el hereje es el que ha conocido la religión católica y ha renegado de ella. Podrían mostrarles el verdadero camino de la fe, rescatarlos del pecado y formar con ellos una sociedad en orden y "policía", como se asentaba en aquella época bajo los valores cristianos y de obediencia al rey.

Así, los frailes buscaban enseñar a los indios virtudes cristianas, como pobreza, castidad, fe, esperanza, caridad, arrepentimiento, templanza y perdón. Pero dichos conceptos no existían en el mundo prehispánico. No al menos, como los españoles los entendían. En efecto, los religiosos sabían que a falta de un lenguaje compartido, como el alfabeto o la escritura, tendrían que utilizar la mímica, los gestos, las representaciones pictóricas, el catecismo e infinidad de caminos que trazaron para acceder a la conciencia de los neófitos o nuevos en la fe. Será a través de rituales ejemplificadores y contundentes, de un reordenamiento de la estructura familiar y jerárquica, de la aniquilación de prácticas ancestrales, como el sacrificio humano y antiguos ritos, pero también de la conservación de sus lenguas y de algunas tradiciones que pudieran servir a la catequización, que los religiosos intentaron arrancar la idolatría de los corazones indígenas, por muy hondo que se escondiera. Así, los frailes ensayaron una serie de estratagemas según les iban dictando la experiencia y los resultados. En primer lugar, no les enseñaban castellano a los indios. Para no "contaminarlos" de los vicios españoles, los sacerdotes debían aprender las distintas lenguas (náhuatl, maya, mixteco, mazahua, tarasco, zapoteco, etcétera). Caso excepcional fueron los niños, hijos de la nobleza mexica o *pipiltin*, quienes, aislados de sus padres y educados en los conventos, revelaron a los ojos de los religiosos una inteligencia y destreza asombrosas para aprender, no solo el castellano sino también el latín. A su vez, aquellos niños fungieron como agentes evangelizadores en sus propias comunidades. Enfocarse en los niños era primordial, pues los religiosos pensaban, no sin razón, que serían más fáciles de educar y moldear "como la cera" que los adultos, cuyas creencias y prácticas se hallaban muy enraizadas. Por esa razón, los religiosos pasaban largas horas del día observando a los niños jugar. Cada vez que un niño tomaba un objeto o señalaba algo y pronunciaba alguna palabra o expresión, el fraile anotaba sus impresiones. De esta forma, los pequeños aprendieron poco a poco las palabras y sus significados. Por las noches los religiosos se reunían y a la luz de las velas compartían y discutían lo que habían escuchado y aprendido durante el día. Elaboraron diccionarios, vocabularios, confesionarios, catecismos y sermonarios exhaustivos para conocer y evangelizar a los indios. Este fue el caso de fray Pedro de Gante, quien escribió la primera doctrina en náhuatl publicada en Amberes, y el *Vocabulario* de Alonso de Molina, años después. El afán cuasi antropológico de los misioneros no era producto de una inclinación científica o etnográfica. El propósito era sencillo y tenía lógica en aquel contexto: para derrotar al enemigo, en este caso el demonio y sus embustes, era indispensable conocer a fondo aquella cultura que recibiría las enseñanzas cristianas. Fray Bernardino de Sahagún, el franciscano que reunió a los más sabios y diligentes latinistas indígenas a su alrededor, lo entendía muy bien. El Códice Florentino, escrito en náhuatl, español y algunas partes incluso en latín, es uno de los más bellos que produjo el periodo posterior a la Conquista y da cuenta de prácticamente toda la cultura mexica anterior a la presencia española: religión, herbolaria, alimentación, educación, familia, guerra, política, administración, animales, insultos e higiene, entre muchos otros temas.

El esfuerzo monumental del fraile y sus cuatro informantes indígenas dentro del Colegio de la Santa Cruz en Tlatelolco no se detuvo ni siquiera cuando una de las innumerables pestes que asolaron el virreinato cayó sobre la población. Fray Bernardino mismo enterró cientos de cadáveres y enfermó también de viruela, pero no sucumbió. La recopilación de datos de la asombrosa cultura mexica fue pertinaz y profunda. Plasmado en coloridas imágenes (rojos, azules, amarillos, verdes y grises) e intrincados dibujos que intentaban poner en perspectiva y profundidad conceptos que no se estilaban entre los *tlacuilos* mexicas, el códice Florentino va poco a poco, casi imperceptiblemente, perdiendo colores y cambiando al negro. No es que se haya desteñido con el correr de los siglos. Entre las consecuencias provocadas por la peste, además de los evidentes y catastróficos miles de muertos y la hambruna, se encuentra la escasez de tintes. Los colorantes vegetales, como la grana cochinilla, el palo de Campeche, el añil, se fueron acabando: no era posible conseguir más por el momento. Pero fray Bernardino se negaba a detener aquel esfuerzo de recopilación y ordenó proseguir con la escritura y los dibujos que eran tan importantes para los indígenas, aunque fueran sin colores.

Por otra parte, durante siglos y hasta la segunda mitad del siglo xx (antes del Concilio Vaticano II), la misa se celebraba en latín con el sacerdote mirando al altar. En Nueva España no fue la excepción. Los frailes tendieron puentes entre ambos mundos que intentaban acortar la brecha de la incomprensión. Así, enseñaron a rezar a los indígenas buscando equivalentes fonéticos. Aunque el significado del concepto no tuviera absolutamente relación alguna con aquel con el que se intentaba enlazar, debía ser memorizado y, en la premura del momento, no necesariamente comprendido. Es decir, los religiosos buscaron palabras que sonaran similar en náhuatl y castellano o latín; de esta manera instruyeron a los indios a rezar, aunque fuera un sinsentido. Por ejemplo, *Pater* (padre) *Noster* (nuestro) en latín se enseñaba como *Pantli nochtli*: *pantli* es bandera y *nochtli* es tuna. ¿Qué pensarían los indios mientras repetían metódicamente esas palabras que no significaban nada para ellos? Es difícil saberlo, pero siglos después los obispos se quejaban de la escasa o deficiente instrucción religiosa que tenían algunos indios. Tanto la sensibilidad como las preocupaciones de las autoridades eclesiásticas habían mudado en importancia.

El franciscano fray Jerónimo de Alcalá relataba que los indígenas de Michoacán llamaban a la cruz Santa María, creyendo que era una diosa como las suyas, porque todavía no entendían bien el catecismo. Sin embargo, cuando los doctrineros les decían que podían ir al cielo si observaban los preceptos cristianos y acudían a la doctrina, respondían con incredulidad: "Nunca vemos" (*sic*).

Los indígenas, según fray Jerónimo, creían que los frailes habían nacido con el hábito puesto y que nunca habían sido niños; suponían que las cartas hablaban, así que llegó a suceder que, si alguna mujer española les enviaba a entregar una misiva, no osaban mentir por temor a que la carta lo "supiera" y los delatara.

Asimismo, niños con los que los frailes compartían juegos y que pronto aprendieron los rudimentos del cristianismo serían quienes después vigilarán a sus padres y abuelos para forzarlos a abrazar la fe católica. Acusados por sus propios hijos, sobrinos o nietos, los que se rehusaban a la conversión fueron hostigados y castigados públicamente en los atrios de las iglesias, por lo general con azotes (el número de latigazos dependía de su testarudez e impertinencia). Mismo trato recibirían todos aquellos que se negaran a acudir a la misa dominical. Utilizar a los niños como catequizadores y espías trastocó irremediablemente las jerarquías y las estructuras familiares y sociales anteriores a la Conquista, ya que en el mundo prehispánico los ancianos eran depositarios de sabiduría y respeto, a los que se acudía en busca de consejo y permiso.

Por otra parte, los nobles indígenas practicaban la poliginia, es decir, un hombre podía tener muchas mujeres y todas formaban parte de la misma familia. Para los hombres de cierto estrato social, como nobles, guerreros y comerciantes, la poliginia era un símbolo de prestigio y riqueza. Solo se consideraba adulterio si la mujer casada tenía relaciones con otro hombre soltero y, de ser descubiertos, debían pagarlo con la vida; si el hombre casado tenía relaciones con otras mujeres no era considerado un delito. Aquí se escucha un eco lejano de la mexicanísima y todavía actual práctica del hombre que, además de su familia principal, mantiene una "casa chica" o "segundo frente". Aunque la costumbre de sostener relaciones sexuales y afectivas fuera del matrimonio no es exclusiva de México, sí lo es mantener, además de la familia, una casa o hasta dos, con cónyuges e hijos aparte; incluso, estos últimos a veces tienen la misma edad o los mismos nombres. Y que se mantienen ignorantes de su situación hasta que se muere el jefe de familia y en el velorio aparecen dos o hasta tres viudas llorosas.

La imposición del matrimonio monógamo también trastocó el equilibrio familiar del mundo indígena, ya que los religiosos aceptaban como única cónyuge a la primera esposa. El resto de las mujeres, con la mancha de la ilegitimidad y el concubinato, fueron relegadas y despreciadas y sus hijos se convirtieron en bastardos.

Otra de las herramientas que los religiosos utlizaron con bastante éxito para continuar la empresa evangelizadora fue la música, pieza clave para apoyar la conversión de los indios, muy afectos a ella y a los bailes desde tiempo inmemorial.

Asimismo, los indígenas estaban habituados a celebrar sus ritos al aire libre, ya que la entrada a los templos ceremoniales estaba reservada exclusivamente a sacerdotes y nobles. Los religiosos españoles, conscientes de ello, y de que los indios no podían ingresar a un lugar consagrado como la iglesia si no estaban bautizados, idearon las capillas abiertas, fenómeno arquitectónico que no se dio en ningún otro lugar del mundo. Estas ofrecían una solución al problema de adoctrinar a los miles de indígenas que según Motolinía acudían desde pueblos lejanos para recibir el bautismo y participar de la liturgia. Todavía quedan en pie algunas de esas soluciones arquitectónicas, representantes de aquel ímpetu, como las de Tlaxcala, Cuernavaca, Dzibilchaltún, Teposcolula, Tlalmanalco, Cholula, Acolman y Actopan, entre otras. Las capillas servían para que el sacerdote se hallara a resguardo, al igual que las imágenes religiosas, esculturas de la Virgen o de la cruz, en un espacio sagrado para celebrar la liturgia, mientras que en el inmenso atrio se congregaban los cientos de indígenas para escuchar el sermón.

Se organizaban vistosas procesiones con música, danzas, flores y plumas, conservando algunos de los atributos que utilizaban los indígenas en tiempos anteriores a la Conquista. No faltaron los frailes que recelaban del furor y verdadero contenido religioso de aquellas danzas. Intuían, y con razón, que probablemente en aquellos cantos y meneos pervivían resabios idolátricos disfrazados de devoción cristiana, pero no era mucho más lo que podían hacer para comprobar la sinceridad de la fe de los indígenas.

Las iglesias no eran todavía como las vemos actualmente si caminamos por las calles de cualquier ciudad colonial. El proceso para construirlas fue lento y, en un principio, estuvieron conformadas por recintos sencillos. Poco a poco se fueron construyendo los templos que al comienzo eran pequeños, con muros de adobe y madera, y con un simple techo de *jacal*, como se le llamaba, es decir, de palma o paja, que paulatinamente fue sustituido por el uso de tejas.

De manera inmediata, los indígenas se revelaron como artesanos de una destreza sorprendente. Los frailes presumían que tan solo con observar en silencio a algún maestro español realizar su oficio (ya fuera cantero, dorador, carpintero, talabartero o pintor) o simplemente con examinar los tapices o libros que los religiosos les mostraban, los indígenas eran capaces no solo de imitar las representaciones y trabajos del oficio, sino, más aún, de superarlos con el consiguiente desagrado de los que venían de allende el mar, que esperaban conseguir pingües ganancias por ser maestros de un oficio que era de reciente aparición en estas tierras.

Así, los indígenas construyeron iglesias, conventos y edificios con pulcritud, diligencia y destreza, edificaciones que después comenzarán una carrera por ser las más bellas, suntuosas, ricas o adornadas de sus provincias, un trabajo que no siempre realizaron con agrado, pues también recibían los malos tratos de frailes mezquinos o impacientes.

Se aplicaron otras pedagogías tan terroríficas como efectivas: para mostrar a los indios los tormentos del infierno que les esperaban a todos los pecadores que no se arrepentían, algunos religiosos, como fray Luis Caldera, encendían grandes hogueras en las cuales arrojaban perros y gatos, vivos.

Los frailes ensayaron diversos recursos uno tras otro: se importaron las piñatas de origen chino, que debían ser de siete picos para representar los siete pecados capitales (ira, gula, lujuria, soberbia, pereza, envidia y avaricia). Cada pico estaba pintado y decorado conforme al pecado que le correspondía. Había que golpear la piñata para "pegarle" a los pecados y así acabar con ellos.

Por otra parte, las pastorelas navideñas eran una representación que permitía a los indios identificarse con los pastorcillos: pobres, humildes y devotos a pesar de los obstáculos y las tentaciones, que lograban huir de las garras del demonio y diantres que intentaban distraerlos de su misión de visitar al Niño Dios.

Asimismo, las obras de teatro eran increíblemente vívidas. Se representaban en náhuatl o en la lengua propia del lugar en el que se actuaban, pero la participación de las mujeres en el escenario estaba prohibida. Para la fiesta de Corpus Christi (Santísimo Sacramento) se montaron sendas obras en la Ciudad de México y su eterna rival, Tlaxcala. Para la representación de la conquista de Rodas (tan solo 18 años después de consumada la Conquista), cientos de indígenas bajo la dirección atenta de los frailes se afanaron durante días y llenaron la plaza principal en la Ciudad de México con miles de flores, troncos recién cortados, plantas, tierra, venados, conejos, zorros, pájaros y "tigres" ocelotes o jaguares, encadenados a algunos maderos. La exhibición duró tres días y se organizó una naumaquia con barcos y canoas, que incluso contó con la participación de Hernán Cortés como el capitán de Rodas. Era tan estridente el trinar de los pájaros que se colocaron en distintas jaulas que las autoridades se quejaron porque "estorbaban" la representación y los diálogos eran imposibles de escuchar. ¿Qué entendían los indios de esas representaciones? ¿Cómo imaginaban aquella lejana tierra que era Rodas? Tampoco tenemos la respuesta.

Los tlaxcaltecas, eternos rivales de los mexicas, no se quedaron atrás y a su vez montaron en escena La caída de Jerusalén, que representaba a los ejércitos cristianos luchando en Tierra Santa contra moros y judíos, es decir, contra la herejía. Con igual profusión de elementos decorativos, sonoros y olfativos, que dejaban maravillados a las autoridades civiles y religiosas y al público, que se calcula en decenas de miles.

De igual manera se escenificó La Asunción de la Virgen con varas, flores y nubes, en una de las cuales se elevaba al cielo el histrión que interpretaba, maquillaje y caracterización mediante, a la madre de Dios. Las compañías profesionales de teatro aparecieron hasta 1580, de manera que en un inicio los actores eran indígenas que habían aprendido las formas europeas de hablar y representar; aunque las piezas se dialogaran en lengua náhuatl, también participaban españoles, como ya lo vimos con Cortés.

Las órdenes mendicantes (que como su nombre indica vivían de *mendicare*, es decir, de limosnas) se convirtieron en las intercesoras de los indígenas ante las autoridades españolas, y con frecuencia eran las únicas que entendían sus lenguas y costumbres. Los religiosos se enfrascaron en pleitos contra los encomenderos, a quienes acusaban de ser crueles y avariciosos. Los indígenas establecieron con los frailes esa alianza porque entendían que era una forma de sobrevivir a un mundo que se desmoronaba a su alrededor.

El impulso evangelizador duró tan solo unas décadas por diversos motivos. Las epidemias arrasaron con la vida de miles de indios y, aunque los especialistas han debatido durante años cuál es la cifra más aproximada de la población mesoamericana al contacto con los españoles, no han logrado un consenso. Los cálculos se sitúan en un rango de 3 a 25 millones de habitantes indígenas al momento del encuentro. Para el final del siglo XVI, solo quedaba un millón. La catástrofe demográfica, el consecuente despoblamiento, la ruptura del orden imperante y los abusos y maltratos que padecieron los indígenas fueron algunas de las razones por las cuales el impulso catequizador perdió su fuerza.

Los religiosos que llegaron después no compartieron el mismo furor espiritual de aquellos primeros evangelizadores, como Motolinía, Gante o Sahagún, y se limitaron a cumplir sus funciones medianamente o, en el peor de los casos, participaron de los abusos en contra de los indios. A esto se sumó que la Corona española, temerosa del poder creciente de las órdenes mendicantes, sobre todo de los franciscanos, protectores de los indios, comenzara a arrebatarles atribuciones, cediéndole el poder al clero secular, es decir, a los obispos, lo que se tradujo en un mayor control. Esto provocó el debilitamiento irreversible del poderío de las órdenes mendicantes, sin que por ello se haya dejado de sentir su influencia en todos los ámbitos de la vida novohispana.

Es por ello que, aun 100 años después de concluida la conquista del centro de México (porque, como lo vimos antes, el norte todavía se mantuvo en guerra y despoblado varias décadas más), los obispos se quejaban amargamente de que los indígenas de los lugares y pueblos más apartados no atendían al catecismo, estaban llenos de idolatría y solo acudían a misa una vez al año.

A CADA VILLA SU MARAVILLA

Una de las características más sobresalientes de la cultura impuesta en los virreinatos americanos fue la preocupación casi obsesiva de las autoridades españolas por fundar asentamientos, pueblos, ciudades y villas. La estrategia de Cortés para deshacerse de la sujeción al gobernador de Cuba fue precisamente fundar una villa en Veracruz y con ella un Ayuntamiento para su gobierno. Aunque sabemos que la intención del extremeño no era únicamente la de poblar y regir, ese ardid dio cuenta de la importancia que tenía para los europeos el establecimiento de poblaciones para garantizar el gobierno, orden y sometimiento de los nativos.

La Ciudad de México fue desde su antecedente prehispánico uno de los enclaves más populosos del mundo y así se mantuvo durante el periodo virreinal. Después de caída la gran Tenochtitlan se suscitó un debate sobre refundar la capital en su antiguo sitio o moverla a otro lugar más adecuado, como Coyoacán, que parecía un sitio más idóneo por su clima, frondosa vegetación, ríos cristalinos y accesibilidad. A final de cuentas se decidió conservar el espacio, pues Cortés intuía, no sin razón, que la mejor forma de mantener el orden y la sujeción al poder español era conservar el emplazamiento de la ciudad prehispánica. Así, bajo la supervisión del destacado *jumétrico* (geométrico) y alarife Alonso García Bravo, rápidamente se procedió al trazado a cordel o damero (como tablero de damas) de la urbe, con calles rectas y anchas.

A la manera de las ciudades del Renacimiento, tanto la Ciudad de México, como Puebla, Veracruz, Mérida, Valladolid, Guadalajara y Querétaro, por ejemplo, fueron planeadas y trazadas de forma reticular, aunque con el paso de los siglos hayan perdido en muchos casos su forma original. De nuevo, Alonso García Bravo fue el encargado de trazar las ciudades de Veracruz, Puebla y Antequera (Oaxaca).

La política de la Corona española de fundar ciudades, villas y pueblos se tradujo en un furor que estableció alrededor de 700 pueblos y ciudades por toda la América hispánica a lo largo del siglo XVI.

En las ciudades debía haber una plaza, con una picota, al menos un convento con su respectiva iglesia y atrio grande para la catequesis de los indios (sobran ejemplos como: Acolman, Actopan, Cuernavaca, Xochimilco, Ixmiquilpan, Meztitlán, Ocuituco, Tlayacapan, Malinalco, Tlaxcala, y en el sur del país: Campeche, Dzidzantún, Motul, Izamal y Valladolid). Mientras más conventos tuviera una región, más cerca estaba de la redención.

En los portales que rodeaban la plaza principal de ciudades y pueblos se hacían transacciones y negocios, no en balde muchos se llaman "portal de mercaderes". La picota o rollo era una especie de columna rematada con una bola o cruz en lo alto, que simbolizaba la justicia, donde se ejecutaban los castigos públicos (azotes, vergüenza pública, horca o mutilación), con la función de servir como ejemplo para desalentar la delincuencia y mostrar las consecuencias de un comportamiento criminal. Frente a la comunidad, el infractor era castigado y aun en la actualidad es posible encontrar vestigios de dicho símbolo, como por ejemplo en Otumba, Zempoala y Tlacochahuaya.

En el caso de los reales mineros, como San Luis Potosí, Zacatecas, Sombrerete, Fresnillo, Taxco o Guanajuato, la urbanización no siguió aquel patrón de tablero de damas, sino que fue más desordenada, pues por un lado seguía la geografía del entorno (con frecuencia muy accidentada), y los asentamientos crecieron en torno a las vetas descubiertas, lugar donde se instalaban los campamentos de españoles y de toda la variopinta población que atraía dichos centros, demandantes de mano de obra, materias primas, alimentos, herramientas, etcétera.

Asimismo, se buscó el abastecimiento de agua en los centros urbanos, por lo que, una de las primeras órdenes que dio Cortés después de la caída de Tenochtitlan, fue la reconstrucción del acueducto de Chapultepec, que los españoles habían destruido durante el asedio a la ciudad. De igual manera, perviven el acueducto del convento de Huejotzingo o la caja de agua de Tepeapulco, además de la obra del padre Tembleque en Zempoala, y los más llamativos, aunque posteriores acueductos o *caños*, como se les llamaba en aquel entonces, de Zacatecas, Querétaro y Morelia.

La enorme riqueza producida por Nueva España obligó a la población a construir fortificaciones, castillos defensivos y murallas para protegerse de los consabidos ataques piratas ingleses, franceses y holandeses. De esta manera, construyeron fortalezas en Cuba y Puerto Rico que eran los puntos intermedios entre la América hispánica continental y Sevilla o Cádiz. Por esta razón, Nueva España debía proteger tres frentes: el golfo de México, la península de Yucatán y la costa del Pacífico, aunque esta última corría menor peligro por la enorme distancia que la separaba de los enclaves enemigos. Como ya lo vimos, San Juan de Ulúa fue objetivo constante de ataques piratas. Erigido por órdenes del primer virrey Antonio de Mendoza, fue inicialmente solo un muro y una torre, y pasarían 100 años para que sufriera modificaciones importantes en su estructura.

En la península de Yucatán, el puerto más asediado fue el de Campeche, de manera que se construyeron dos fortalezas, una junto a la laguna de Términos y la otra junto a Bacalar, en el actual estado de Quintana Roo. Mérida poseía una ciudadela, pero el objetivo fundamental era proteger a la población española de una posible sublevación indígena al menos durante el siglo XVI.

Muchos pueblos fueron después trasladados a lugares más adecuados o cayeron en el abandono. Por ejemplo, hacia mediados del siglo XVII, villas como Xalapa tenían unos 50 vecinos españoles (cuando se habla de vecino se refiere a español cabeza de familia), es decir, unos 200 españoles y 300 indios con "algunas calles formadas"; Orizaba, otros 200 españoles, además de indígenas, y Córdoba, alrededor de 250 españoles.

Tomando en cuenta que eran puntos importantes en la ruta de comercio y de pasajeros que conectaban el puerto de Veracruz con la Ciudad de México, cabe imaginar la población que tendrían otros asentamientos alejados de las rutas comerciales más concurridas. En aquella región se había fundado a principios del siglo XVII un pueblo con 125 personas: San Lorenzo de los Negros o de Cerralvo, llamado así en honor del virrey que dio su autorización para su asentamiento, debido a los descalabros que Yanga, el negro fugitivo o cimarrón, ocasionaba frecuentemente a las caravanas de pasajeros y comerciantes que transitaban por aquel lugar. Es decir, que las ciudades más alejadas al norte y al sur tenían todavía menos presencia española.

Desde un inicio se procuró la separación de dos "repúblicas": la de españoles y la de indios, por razones de seguridad (en los primeros años se trataba de evitar un posible, aunque improbable, ataque por parte de los indígenas), pero también como resguardo de las estructuras sociales y afectivas nativas de la contaminación de los vicios y abusos de los españoles.

La Ciudad de México es un ejemplo de dicha distribución y trazo. En el centro, la iglesia, la plaza, las casas reales o palacio virreinal (residencia y oficina del virrey y de la Audiencia), el cabildo o Ayuntamiento, y en las afueras los cuatro barrios indígenas, Santa María, San Juan, San Sebastián y San Pablo.

Pero las ciudades no eran solo casas y edificios de gobierno que recordaban el principio rector del poder real. Las ciudades, habitadas por una inmensa variedad de personajes de diversas procedencias étnicas, oficios y profesiones eran sitios en los que todos los días sucedía algo: un incendio accidental en alguna iglesia o provocado en el cajón de algún mercado; un temblor que derribaba el campanario o alguna vivienda con sus ocupantes dentro, o con suerte solo los cuadros y decoraciones de las casas; pleitos a cuchilladas entre criados de personas eminentes y funcionarios; días en los que cundía la alarma o el pánico cuando llegaban noticias de ataques piratas a las costas antillanas o novohispanas; atropello de alguna anciana bajo las ruedas de una carroza o los cascos de un caballo; avisos de la muerte de un miembro de la familia real; desacuerdos entre funcionarios, quienes llegaban a los golpes, empujones, bofetadas, jalones de ropa o a duelo con mortíferas espadas; sentencias cumplidas de los condenados a la horca, fuego, garrote o descuartizamiento; disputas más inocuas en torno a quién le correspondía pagar las reparaciones del empedrado de las calles o el desazolve de las acequias.

Los religiosos debían vestir conforme a su condición y no podían deambular por las ciudades en compañía de seglares después de las 10 de la noche, ni portar armas o entrar a casas de juego, pero al parecer era frecuente que contravinieran lo dispuesto. Así, una noche en un rondín que estaba dando el virrey en las inmediaciones de Palacio, encontró a dos agustinos comiendo buñuelos en un *tlacascual* (una especie de caseta ambulante o puesto de madera desarmable) y aunque uno se le escapó, el otro fue aprehendido por el virrey y entregado a su superior eclesiástico para que fuera castigado por andar afuera del convento a deshoras.

SI HAY CAMINO REAL,
NO VAYAS POR EL MATORRAL

En el mundo mesoamericano el transporte de mercancías se realizaba por medio de tamemes (indios cargadores que se colocaban un mecapal o faja con cuerdas en la frente para transportar los productos), por lo tanto, los caminos que conectaban las distintas poblaciones eran más un sendero para caminar que una vía para la herradura o el carretero, porque la rueda tampoco existía. Poco a poco se fueron allanando los caminos para hacer las comunicaciones y la transportación más eficientes, ya que la accidentada geografía del territorio compuesta por caudalosos ríos, selvas tupidas, desiertos y escarpadas montañas era un verdadero reto para quienes trasegaban los múltiples productos que viajaban de un continente a otro.

La mula fue el animal de carga más apreciado durante el periodo virreinal. A pesar de que el caballo era ágil, no era tan resistente ni tan dócil ni cauteloso como la mula, además tomaba más agua, era más difícil de alimentar y más caro; su uso estaba reservado a unos cuantos. A su vez, los bueyes que tiraban de carros podían transportar hasta una tonelada de carga, pero necesitaban condiciones de planicie, ya que no podían transitar por lugares demasiado escarpados. La mula en cambio era ligera, rápida, de paso firme y podía transportar entre 115 y 200 kilogramos. Los carros repletos de barras de plata, provenientes

96

de Zacatecas a la Ciudad de México y de ahí a Veracruz para su embarco a España, podían movilizar más de cuatro toneladas del metal y ser tirados por hasta 16 mulas, pero como este animal es producto de la cruza del asno y la yegua, también fue necesario fomentar la cría de ambas bestias, aunque el burro lo fue en menor medida.

Diariamente entraban a la Ciudad de México en promedio tres mil mulas cargadas de todo tipo de bastimentos. Los precios de estos animales variaban en relación con su tamaño, si estaban domados, si tenían algún defecto, si se vendían a crédito, con arreos y con silla, o si eran de carga. Si bien los precios fluctuaron mucho durante el periodo virreinal, en sus inicios una mula podía valer 15 pesos, como lo que pagó Juan Cerdeña por una pequeña bestia castaña con la oreja tronchada; o hasta 100 pesos, como los que desembolsaron el religioso Juan Montaño por una mula negra grande, o Francisco Martín, del pueblo de Azcapotzalco, por una mula tuerta.

Por otro lado, el transporte de mercancías, plata e incluso presos requeridos por la Inquisición se llevaba a cabo por medio de arrieros, dueños de recuas de mulas, burros o caballos, quienes recorrían (o sus mayordomos y empleados) los caminos virreinales para llevar objetos variados de un lugar a otro. Durante los años inmediatos a la Conquista se conservó el sistema de tamemes, hasta que fue prohibido por las autoridades españolas en un afán de proteger a los indígenas de los abusos y malos tratos. Sin embargo, a finales del siglo XVII, a pesar de las restricciones y leyes, todavía se encontraban mecapaleros en la zonas de tráfico denso entre Veracruz y Puebla.

Estaban los arrieros de carrera larga que se ausentaban de sus hogares o pueblos de origen por largas temporadas, ya que algunos de ellos conectaban los sitios más remotos del virreinato, de Nuevo México en el lejano norte hasta Guatemala en el sur, y otros transitaban por las rutas que llevaban a los dos puertos más importantes: Acapulco, donde desembarcaba el galeón de Manila, y hacia Veracruz, donde arribaba la flota de la Carrera de Indias.

La accidentada geografía hacía penoso el camino sin un guía que conociera los avatares de la ruta. El carmelita fray Isidro de la Asunción, separado de su comitiva, perdió el rumbo en el trayecto de Veracruz a México, cerca de Jamapa, entre montes y barrancos, hasta que encontró a un negro que llevaba a una recua y a quien le ofreció un real de a cuatro (el equivalente al jornal de un par de días) si lo guiaba al pueblo de Cotaxtla; prueba de que el arriero conocía bien los caminos fue que el secretario de fray Isidro llegó cuatro horas después y los baúles, ropa y papeles al último.

También había otros arrieros que hacían pequeños traslados de un pueblo a otro porque eran dueños de una sola mula, y que salían temprano de sus casas para regresar en la noche.

Estos trabajadores eran un grupo bastante heterogéneo, compuesto por españoles, indios, mestizos, negros y mulatos. Transportaban todo tipo de mercancías, como sal, cueros, tijeras, sogas, herramientas, telas, pulque, maíz, trigo, frijol y encargos, como el transporte que hizo un arriero de Nicolasa, una esclava acusada ante la Inquisición, por el cual cobró cuatro pesos (carísimo servicio) por un traslado de tres días desde las minas de Guanajuato a la Ciudad de México, además de los reales gastados en la comida.

En el caso de la capital de México, el abasto llegaba también por agua, ya que estaba rodeada por cinco lagos: Chalco, Texcoco, Xochimilco, Xaltocan y Zumpango. Todos los días más de un centenar de canoas, con hasta 100 quintales cada una (poco menos de media tonelada) de los pueblos aledaños, acudían al mercado a vender productos como leña, pescado de la laguna, frutas, legumbres, loza, cestas y animales de todo tipo, vivos y muertos.

Las posadas y mesones se distribuían a lo largo de los caminos y eran lugares indispensables para pasar la noche, alimentarse,

dar comida a los animales o simplemente descansar para reanudar el viaje, claro, eso siempre y cuando se tuviera dinero para comprar bienes y servicios. Así lo atestigua una décima escrita en la pared de un mesón en Tepeji del Río:

> Pan, gallinas, buen carnero,
> queso, vino y aguardiente,
> hallará aquí prontamente
> el que trajese dinero;
> bien sazonado el puchero
> tendrá en aquesta posada,
> con más, la paja y la cebada;
> para sus mozos atole,
> pulque, tortillas, clemoles.
> Sí, señor. ¡Ay, que no es nada!

LO BIEN HABLADO CORRE
Y LO MAL HABLADO VUELA

En tierra el tiempo no transcurría con mucha rapidez. Supongamos que alguien remitía una carta a algún ser querido: había que enviarla con un amigo o persona de confianza y esperar que el emisario no hubiera naufragado y que, de llegar a tierra firme, no sufriera ningún contratiempo, extravío, asalto o no enfermara nada más desembarcar para convalecer durante meses o peor, morir. Así, una misiva podía tardar semanas e incluso años en llegar a su destino. Fue hasta 1582 que se estableció el servicio de Correo Mayor, el cual se concesionó a un privado, como muchas otras actividades. El sistema se sostenía sobre la organización previa de correo que tenía Moctezuma antes de la llegada de los españoles. Los indios encargados de dicho servicio en ese entonces eran llamados *payn*, y eran tan buenos corredores que en una hora completaban cuatro o cinco leguas. Se vestían con una manta ceñida al cuerpo y una cinta de color en el pelo. El sistema de entrega era de postas o relevos, pero en el mundo prehispánico solo servían al *tlatoani*; no era un servicio público al alcance de todos. Así que se aprovechó esa estructura para poder repartir el correo. Se instalaron las primeras agencias postales en México, Veracruz, Puebla, Oaxaca, Querétaro y Guanajuato. El porte se pagaba a la entrega y no era demasiado caro para la época: alrededor de dos o tres reales.

Fue Hernán Cortés quien pocos años después de la caída de Tenochtitlan, en 1524, insistió en que los hombres que se habían asentado en estas tierras y estuvieran casados trajeran a sus esposas lo más pronto posible, bajo la amenaza de perder sus bienes si no lo hacían. Tal disposición fue un antecedente importante de lo que la Corona española ordenaría con el correr del siglo. Por su parte, quienes querían radicar en América debían exhibir ante la Casa de la Contratación en Sevilla, una "carta de llamada", es decir, una invitación por parte de su cónyuge, familiar o amigo que le invitaba a reunirse con él.

Eran inexistentes la premura y la inmediatez que los medios digitales han impuesto al tiempo. La gente sabía esperar (porque tampoco tenía más opciones). Esperar un nombramiento, un puesto (en el caso de un oidor, este tardaba cinco años en llegar), una herencia, una merced, una noticia, el fallo de un juez, un beneficio, el pago de una deuda, el fin de una epidemia, el regreso de un ser querido o noticias de un negocio.

A pesar de ser un territorio gigantesco, con caminos peligrosos y vastas extensiones despobladas, la Corona y sus vasallos se las ingeniaron para que la comunicación por carta fuera nutrida y constante, tal y como lo reflejan los millones de documentos que cruzaron el océano Pacífico y el Atlántico, y que actualmente se resguardan en diversos archivos. Se nombraron correos mayores en Nueva España, Guatemala (que daba servicio a lo que hoy es Centroamérica) y Perú. En Nueva Granada (hoy Colombia) los hubo con intermitencia; y a Chile y Buenos Aires se enviaban mensajeros de ser necesario.

El correo funcionaba por concesión, ya que la Corona no tenía los alcances ni los funcionarios suficientes para llevar a cabo la tarea de entregar mensajes y paquetes. Primero se donó a perpetuidad el cargo de Correo Mayor de Indias a Lorenzo Galíndez en Nueva España. Posteriormente, fue asignado a Diego Daza y a Martín de Olivares en el último cuarto del siglo XVI. El oficio (equivalente a una concesión, digamos) que se sacaba a remate o venta, como tantos otros en la época, fue asignado a dos familias: Diez de la Barrera y Jiménez de los Cobos, que gobernaron por 160 años el correo novohispano.

La correspondencia era entregada en los centros urbanos importantes, como México, Puebla y Veracruz. De ahí podía tomar la ruta de Tierra Adentro que iba hasta Santa Fe en el actual Nuevo México o el Camino Real que iba a Guatemala, vía Chiapas, las cuales a su vez seguían los caminos andados desde tiempos prehispánicos. Si se trataba de correspondencia oficial, las autoridades eran las encargadas de participar en la entrega de dichas misivas. Cada cierto tiempo llegaban de España cajones o baúles con correspondencia que se asignaban al virrey, para órdenes religiosas, alcaldes, fiscales, oidores e inquisidores y, aunque era su obligación distribuir dicha comunicación, a decir de algunos, a veces pasaron hasta 2 años en que los virreyes escondían las misivas de otras autoridades, ya fuera por enemistad, revancha, seguridad o contubernio.

La Corona nunca pretendió tener correos mayores en todas sus posesiones, sino en los lugares con densidad urbana, para que de ahí locales, llamados correos menores, lo llevaran hasta su lugar de destino. También se utilizaron emisarios en su mayoría indígenas, sin embargo, mulatos y mestizos comenzaron a participar paulatinamente en el reparto de mensajes y paquetes. Se les pagaba por distancia recorrida a razón de 20 pesos por 25 leguas, que se cubrían a caballo en un día.

Paralelo al servicio de correos, muchos particulares de todas las procedencias sociales llevaron consigo correspondencia. Se encargaba una carta o paquete a alguien de confianza para que lo entregara y esa persona sería posteriormente recompensada con algún don. Asimismo, mercaderes y eclesiásticos, cuya movilidad era bastante frecuente, fueron también utilizados por las autoridades para hacer llegar la correspondencia a las autoridades virreinales.

De manera que la confianza depositada en el emisario, de que el encargo llegaría tarde o temprano pero con bien a su destino, fue una de las bases más importantes para las comunicaciones escritas y la entrega de paquetes, documentos oficiales y objetos.

Aun bien avanzados los siglos XVII y XVIII, transitar por los distintos caminos novohispanos no estaba exento de peligros, ya fuera por la amenaza de ser asaltado por maleantes, por lo accidentado del terreno, la adversidad de ciertos climas o por la posibilidad de ser atacado por alguna fiera, como le sucedió a Isidro, criado del obispo Palafox, quien en el camino a Zacatlán de la Manzanas de pronto le salió al paso una *nauyaca*, "animal ponzoñoso y mortal", que seguramente salió huyendo más asustada que Isidro. O como a Francisco Lorente, sacristán de la catedral de Puebla, a cuya mula se le hundieron las patas en el lodo, resbaló y luego rodó varios metros por una barranca, accidente en el cual milagrosamente ninguno de los dos perdió la vida.

En algunos casos las noticias podían tardar mucho más tiempo en llegar. Fue el caso de un terrible sismo que una noche de noviembre de 1645 provocó el derrumbe de casas e iglesias en la mayor parte de la ciudad de Manila, en Filipinas, y que en las afueras ocasionó la muerte de medio centenar de personas. Sin embargo, como no había podido salir ningún navío de aviso, las noticias de la catástrofe llegaron a la capital novohispana hasta diciembre de 1648, es decir, tres años después.

SEGUNDA PARTE

Los moradores de este dilatado reino

CHILE, MOLE Y POZOLE:
UNA SOCIEDAD DE ¿CASTAS?

A principios del siglo XVII, Bernardo de Balbuena enumeraba los diversos tipos de habitantes que era posible encontrar por las calles de la capital novohispana:

Arrieros, oficiales, contratantes,
cachopines, soldados, mercaderes,
galanes, caballeros, pleiteantes;

clérigos, frailes, hombres y mujeres,
de diversa color y profesiones,
de vario estado y varios pareceres;

diferentes en lenguas y naciones,
en propósitos, fines y deseos,
y aun a veces en leyes y opiniones...

Uno de los más grandes estereotipos en torno a la realidad virreinal es el que se ha construido sobre los habitantes que poblaron aquel inmenso territorio. Con frecuencia se le concibe como una sociedad rígidamente dividida, en la que no había posibilidad de "escapar" a la casta, de ascender económica o socialmente, de medrar. Que si se nacía en cierto grupo solamente podías casarte y relacionarte con aquellos de la misma clase y que jamás se podía salir de ella. La realidad fue bastante más compleja.

La clasificación de los cuadros de castas, pintoresca e interesante, da cuenta de diversos aspectos de la sociedad virreinal, como el vestido, los oficios, las mercancías, los productos y la riqueza de la tierra, pero ofrece una visión "artificial" de aquel mundo. Los términos que los definían: *saltapatrás*, *tentenelaire* o *notentiendo*, por ejemplo, no se encuentran en los documentos de la época. Corresponden a un afán clasificador del siglo XVIII que, así como cataloga plantas y animales, busca también la categorización de los grupos humanos. Los vestigios muestran que en la sociedad esas clasificaciones no tenían la importancia racial que se les ha querido atribuir.

Más que la pureza étnica, las consideraciones que se privilegiaban eran la calidad y la condición. La primera estaba dada en términos de prestigio social, honorabilidad probada, capacidad económica y reconocimiento. Cuando se hablaba de limpieza de sangre no se refería a una cuestión racial, sino a ser cristiano viejo, sin antepasados judíos. Muchos que creían tener limpieza de sangre para acceder a la universidad o a alguna orden religiosa, cuando se les solicitaba la demostración de pureza, descubrían para su sorpresa que tenían por ahí algún abuelo mulato y que no eran tan cristianos viejos como siempre creyeron. Dicha medida se había instalado a partir de la expulsión de los judíos por los Reyes Católicos a finales del siglo XV.

Al revisar documentos de la época y encontrarse con nombres como Juan o Martín Cortés, Francisca Pimentel, Matías Salazar o Pedro de Niza, se pensaría de inmediato que eran españoles, pero en realidad eran indígenas.

Por otra parte, cruzar el Atlántico ofrecía la posibilidad de mejor estatus social, de borrar un pasado incómodo y de emparentar con familias prestigiosas, aunque sin abolengo. Algunos que se convertían en prominentes miembros de la sociedad virreinal y se codeaban con oidores y lo más granado del reino, eran en realidad judíos conversos, hijos de artesanos, tal y como se "descubrió" con algunos cuando fueron penitenciados por el Santo Oficio. Para muestra el caso del padre de Simón Váez de Sevilla, uno de los más prominentes mercaderes de la ciudad. Su progenitor era carnicero en Casteloblanco, quien, a falta de verdugo, fungió como tal en España, profesión considerada (como cualquier otra relacionada con la sangre) indigna e infamante. Por su parte, el padre de Simón Váez de Acevedo, otro encumbrado comerciante de la capital, había sido costalero en la península ibérica, es decir, rentaba costales y fabricaba talegas, oficio de escaso prestigio.

Fue hasta la segunda mitad del siglo XIX que Benito Juárez creó el Registro Civil. Previo a eso las partidas de nacimiento, matrimonio y defunción se codificaban en los libros parroquiales y estaban sujetos al criterio, humor, preparación y aptitudes del párroco o cura que registraba al niño o a los contrayentes, pero también a lo que los fieles declaraban de sí mismos. Porque a la Iglesia lo que le importaba era el cumplimiento de los sacramentos, no la calidad, apariencia o color de piel de los registrados.

Los nacimientos ilegítimos eran muy frecuentes por diversas razones. Por un lado, nunca hubo suficientes españolas y en general la población española masculina fue siempre muy inferior a la indígena. Por otro, el matrimonio solo importaba a quienes tenían un cierto prestigio y una heredad que les interesara conservar o acrecentar, mismos que eran una minoría. El resto de la población no tenía esas pretensiones y el matrimonio, a pesar de ser la única unión de pareja permitida por la Iglesia católica, no era indispensable. La gran cantidad de enamorados que vivían en amancebamiento, compartiendo la cama y la mesa, como se decía en aquel tiempo, dan cuenta de ello, al igual que los procesos inquisitoriales contra bígamos y polígamos lo atestiguan. Y aunque dichas prácticas sexuales fuera del matrimonio estaban vedadas y eran perseguidas y sancionadas, su recurrencia y el inexorable avance del mestizaje nos muestran que entre lo prohibido y lo permitido existía un universo bastante amplio, en el que todos cabían, aunque fueran opuestos, lo cual es un rasgo típico del Barroco.

INDIOS MISERABLES Y DESAMPARADOS

La categoría jurídica de los indios del Nuevo Mundo suscitó una serie de intensos debates entre los juristas hispanos. Pronto se llegó a la conclusión de que los *indios* (término utilizado en la época virreinal para designar a los nativos de las "Indias Occidentales", es decir, América, y el cual no tenía la connotación despectiva que tiene actualmente) debían ser considerados como "miserables", estatuto de protección que englobaba a las viudas, los huérfanos, los ancianos y los enfermos, mismos que eran amparados y protegidos por las autoridades, pues miserable era "aquel que había perdido la felicidad y al que debía tratarse con misericordia".

Sabemos que con demasiada frecuencia las leyes no se cumplían, pero también que los indígenas sabedores de sus derechos acudieron a los tribunales a reclamar agravios, obtener mercedes o compensaciones y levantar quejas cada vez que les fue posible, y que el virrey y la Audiencia debían destinar dos días de la semana exclusivamente a escuchar los pleitos y las defensas de los pueblos de indios. La sociedad novohispana en general era muy pleitista y los indígenas que pronto se adaptaron a esa nueva forma de defensa y de hacerse escuchar, no quedaron al margen de dicha realidad.

Aunque por pereza y por costumbre utilizamos el término *indios* o *indígenas* para designar una masa homogénea, en realidad se ha concentrado la atención en los mexicas, por ser el llamado Imperio azteca o la ciudad-estado hegemónica al contacto con los europeos. Lo cierto es que las sociedades indígenas eran muy diversas, no solo en lengua y costumbres, sino en hábitos y cultura. No es lo mismo un indio seminómada aguerrido e indómito del norte, que uno sedentario del sur de la zona maya, que un mixteco de la sierra o un tlaxcalteca que acompañó a los españoles a poblar el norte y se estableció en lo que sería actualmente el sur de Estados Unidos.

Nuestra idea de los habitantes de Nueva España, aquella que retratan los murales de Diego Rivera, si bien nos va, es de indios esclavizados y encadenados, de españoles avariciosos y de negros y mulatos, además de chinos, inexistentes. En efecto, cuando tratamos de imaginar el pasado virreinal las imágenes que habitan la conciencia colectiva de los mexicanos son maniqueas y simplistas: españoles ricos y poderosos, por un lado; por el otro, indígenas pobres, derrotados y sometidos. No parece que hubiera otros habitantes en aquel inmenso territorio que abarcaba prácticamente desde lo que actualmente es Nicaragua hasta Nuevo México. Aunque como todo estereotipo tenía una parte de verdad, la realidad era bien distinta. Más compleja de lo que imaginamos y también bastante más colorida. Ni todos los españoles eran ricos, ni todos los indígenas eran pobres. Una enorme proporción de la población nativa murió de manera dramática por el impacto de las epidemias para las que no tenía defensas, por el desgarre psicológico, por el abandono obligado de sus rituales y creencias y por los trabajos forzados. Estas y otras razones fueron parte del empobrecimiento de un buen número de indígenas, pero hay otra cara de la moneda que es necesario analizar.

En los años inmediatamente posteriores a la Conquista, Hernán Cortés organizó el control político, económico y territorial con base en la encomienda que ya se había ensayado anteriormente en las Antillas. En total nombró a unos 500 encomenderos, participantes en la Conquista, repartidos en cada señorío o pueblo de indios. En ese sistema el encomendero se encargaba de atajar cualquier insubordinación y de mantener el orden imperante y a cambio recibía el tributo de aquel señorío, además de obtener diversos productos (mantas de algodón, piezas de ropa, como enaguas, grana cochinilla, pescado, cacao, chile, leña, carbón, maíz, miel, frijol, etcétera). Tenía a su disposición un gran número de trabajadores para construir molinos, puentes, casas y trapiches; para sembrar, pastorear ganado menor y para todo tipo de servicios que necesitara. Para llevar a cabo esto, fue indispensable la alianza de los encomenderos con los *caciques* o *tlatoque* locales (el primero, término arahuaco importado de las Antillas, y el segundo, palabra para designar al gobernador y señor náhuatl de un señorío). Gobernantes a los que intentaron halagar y dar buen trato, ya que el establecimiento administrativo no podía sostenerse sobre una constante confrontación. Asimismo, los *calpixques* o cobradores del tributo, de reminiscencia prehispánica, tuvieron una función primordial como intermediarios entre españoles e indígenas. Tal organización dio por resultado una serie de abusos y arbitrariedades en los cuales los indígenas se llevaron la peor parte. Aunque los encomenderos no tenían derechos sobre las tierras ni sobre los indios que se les habían asignado, ya que eran una merced real (un favor, concesión o regalo del rey), encontraron los mecanismos de coerción para enriquecerse a costa de los tributarios. Muy pronto, los caciques se dieron cuenta de que solo se habían convertido en una pieza más de la maquinaria de control y que su posición se había ido debilitando.

Aun así, tanto caciques como encomenderos fueron pilares de la organización incipiente y de la dominación indirecta que permitieron la funcionalidad de un gobierno efectivo. Pero dicha organización alertó a la Corona sobre un posible, aunque improbable, escenario en el que los encomenderos teniendo a su disposición un número tan grande de indígenas y el conocimiento de la dinámica social y política en el Nuevo Mundo, quisieran rebelarse contra el poder real. Hecho que sí sucedió en el virreinato peruano con los Pizarro, parientes de Hernán Cortés. Poco a poco la Corona fue sustituyendo los mecanismos de control y gobierno, tratando de conservar las estructuras prehispánicas que permitieran una continuidad. Se estableció que las encomiendas solo pudieran heredarse a los hijos y en ocasiones excepcionales a los nietos, o que las viudas pudieran conservarlas. Los encomenderos protestaron y en 1566, Martín, el hijo de Hernán Cortés, junto con otros descendientes de conquistadores, como los hermanos Ávila, se vio implicado en una sospecha o intento de conspiración contra la Corona. La leyenda de su padre, así como los banquetes que ofrecía vestido a la usanza de los nobles indígenas, el fasto y esplendor del que se rodeaba el descendiente del extremeño, hicieron a más de uno levantar la ceja. Aunque el joven marqués del Valle brillaba más por su petulancia y derroche que por su inteligencia, la Corona vio en esos desplantes una amenaza a su poder y a la conservación de sus posesiones en América. Si bien Martín fue embarcado a España para ser juzgado allá y salvó la vida con la condición de no volver jamás al marquesado del que era dueño, los hermanos Ávila sí fueron sentenciados a la pena de muerte y a un escarmiento bastante "público y notorio" (se les decapitó en la Plaza Mayor de la Ciudad de México y sus casas fueron arrasadas y rociadas con sal), como para desanimar a cualquiera que intentara poner sus aspiraciones políticas o económicas por encima de los intereses imperiales.

La encomienda fue desapareciendo por diversos factores entre los que se cuentan un paulatino incremento del control de la Corona, imponiendo a sus propios burócratas como los corregidores; al descenso de la población nativa, lo que ocasionó una reducción drástica del tributo, característica principal de la encomienda; y a las Leyes Nuevas que, en 1542, prohibieron terminantemente la esclavitud de los indígenas, con excepción de aquellos capturados en guerra.

Los caciques (en especial los tlaxcaltecas aliados de Cortés) pudieron conservar algunos de sus privilegios y les fueron otorgados otros, como poseer el rango de ciudad con su propio escudo de armas y que los españoles no se asentaran en sus tierras. También se le eximió de pagar el tributo, aunque diezmados por las epidemias que no distinguían rivalidades entre reinos, también se vieron disminuidos y empobrecidos.

Por otro lado, los símbolos que en la época prehispánica representaban el poder, la dignidad y cierto estatus social, privilegio exclusivo de la nobleza, cambiaron. Para los varones, en lugar de utilizar la nariguera y el bezote (adorno colocado en una perforación entre la barbilla y el labio inferior), tal y como se acostumbraba antes de la conquista, ahora se les permitió sustituirlos utilizando nuevos signos de poder y respeto, por ejemplo: la capa, el sombrero y, en algunos casos, incluso el caballo, que estaba reservado exclusivamente para los caballeros.

Muy poco después de la caída del Imperio mexica, el cabildo de Tlaxcala, que trataba de adecuarse a esos nuevos símbolos de privilegio y poder, compró un caballo, pero como para los indígenas había sido un animal totalmente desconocido hasta hacía muy poco tiempo, y al que no se habituaron con facilidad ni le encontraron uso práctico, parece que quedó por ahí vagando a sus anchas, pues los miembros del cabildo se preguntaron un tiempo después qué había sido de aquel animal que habían adquirido, si alguien lo había visto, ya que hacía tiempo que no se sabía nada de él ni de su paradero.

Doña Isabel Moctezuma, "Tecuichpo", hija del *tlatoani* mexica, recibió del emperador Carlos V, por intermediación de Cortés, la inmensa encomienda de Tacuba. Su media hermana, doña Mariana, recibió la encomienda de Ecatepec, Acolhuacan y Coatitlan, entre otras riquezas. Don Pedro Moctezuma, su medio hermano, viajó a España y peleó durante años contra indios tributarios y terrazgueros por las tierras y tributos de la encomienda de Tollan, que alegaba le correspondían y que solo le fueron concedidas en parte. Por otro lado, a las cacicas Jerónima de Guzmán se le concedió Coyoacán, y a Teresa, del mismo apellido, Xochimilco.

Ana de Sosa, cacica de Tututepec en la Mixteca, tenía 12 estancias, tres huertas, tres casas, joyas de oro, plata, corales, turquesas, collares de plumas, huipiles, ganado y tiendas. Sus propiedades eran mayores a las del encomendero español Tristán de Luna y Arellano, quien era el hombre más rico de la región.

A su vez, Catalina de Peralta, cacica de Teposcolula, poseía una fortuna de seis mil pesos de oro, cinco palacios (casas grandes), 20 parcelas, minas de sal, huertos de manzanos, perales, duraznos y naranjos. Doña María de Saavedra, cacica de Tlaxiaco, tenía también huertas, tierras, casa, sembradíos de maíz, joyas de oro y plata, además de ovejas y mulas, entre muchas otras pertenencias que la convertían en la cacica más rica de toda la región mixteca.

El cacique don Juan Antonio de León y Mendoza, fue gobernador en varias ocasiones; tenía haciendas, magueyes, parcelas, muebles, espejos dorados, elegantes vajillas chinas y biombos probablemente chinos o japoneses, una biblioteca en la que se encontraban libros de teología, obras de Virgilio y un ejemplar de la *Recopilación de Leyes de los Reynos de las Indias*.

Pero la concepción de la riqueza podía variar de una región a otra. De esta manera, entre los mayas la riqueza podía ser una casa bien situada cerca de la plaza principal, con una huerta de zapotes, cítricos, hierbas de olor y henequén. O poseer sillas de montar, baúles y arcones con cerrojos, esculturas de santos, ganado, una colmena o un cenote particular, entre otros bienes.

Otra familia, de origen mazahua-otomí en la región ubicada entre el actual valle de Toluca y Michoacán, apellidada De los Ángeles y Villegas, tenía rebaños de ovejas y reses cuya carne, lana y cuero vendían en Toluca, las minas de Tlalpujahua y la Ciudad de México.

DEL ESPAÑOL AL GACHUPÍN
HAY UN ABISMO SINFÍN

Aunque los españoles y criollos (que no eran otra cosa que españoles nacidos en América) eran los sectores más favorecidos de la sociedad y hubo quienes amasaron inmensas fortunas principalmente gracias a la minería y al comercio, también había españoles empobrecidos y de baja ralea, pícaros, estafadores, locos, artesanos habilidosos, marineros, piratas perdidos, aventureros y algunos ricos mercaderes judíos que la Inquisición se dio prisa en perseguir y adueñarse de sus bienes (el judaísmo era considerado herejía y castigado por esa institución dedicada a la supresión de dicha práctica), además de pequeños mercaderes, estudiantes revoltosos, clérigos viciosos y frailes devotos.

Debe notarse que dentro del grupo español también había diferencias, pues no era lo mismo un hidalgo que un pícaro don nadie, un labrador gallego que nunca había abandonado su terruño más que para embarcarse a América o un talabartero andaluz que hubiera convivido con musulmanes y judíos antes de la expulsión.

Muy pronto, los coetáneos calificaron a los nacidos en tierras americanas como viciosos, inconstantes, holgazanes, ociosos hipócritas, desidiosos, mentirosos, supersticiosos y aduladores. Que eran muy rápidos para aprender y emprender, pero que debido a sus malas inclinaciones pronto abandonaban, postergaban u olvidaban sus tareas.

Los criollos en cambio, orgullosos de su tierra, se consideraban descendientes directos de los conquistadores y se creían suaves, corteses y afables, frente a los modales de los peninsulares. Y el comportamiento de los demás les resultaba como el de los beduinos o los "malcriados hotentotes", es decir, los árabes o africanos.

Los españoles de cierto rango social, que no eran los primogénitos herederos del mayorazgo familiar, recurrían a la carrera eclesiástica como forma de ascenso social y sustento. Así, muchos segundones, como se les llamaba, ingresaron a las filas del clero para hacer una carrera que les permitiera vivir con desahogo y decoro. A diferencia de las monjas, los religiosos tenían una mayor libertad de movimiento; podían entrar y salir de sus conventos, a los que también ingresaban funcionarios, recaderos, comerciantes y parientes. Solo a las mujeres les estaba prohibida la entrada a dichos recintos.

Contrario a lo que se piensa, había muchos hombres que no se casaban: uno de cada tres moría soltero. Lograr un matrimonio y mantener una familia era para muchos un lujo que no podían darse. Si bien la Iglesia y las autoridades establecían el matrimonio como la única forma de procrear, vivir en pareja y tener una familia, la realidad pronto mostró la imposibilidad de sostener ese modelo para la gran mayoría de la población virreinal, de manera que la regla fue la ilegitimidad y, en muchas ocasiones, el amancebamiento, el concubinato e incluso la poligamia.

Tampoco se podía decir que todo fuera armonía y felicidad entre los españoles. Los desencuentros, injurias, pleitos, trancazos, jalones de ropa y barbas eran moneda corriente, incluso entre los más altos funcionarios. Fue el caso de los oidores de Nueva Galicia, el licenciado Sedeño y el licenciado de la Canal, que se jalonearon por pequeñas desavenencias, como decir un apellido por otro; un esclavo de Sedeño incluso entró a la Audiencia armado con una espada para amenazar al enemigo de su amo.

En una recepción que el contador mayor del tribunal de cuentas había ofrecido para la virreina, el virrey en turno, el duque de Albuquerque, por una pequeñez abofeteó al anfitrión tirándole un diente y provocándole un profuso sangrado.

Los religiosos tampoco cantaban mal las rancheras y no siempre fueron ejemplo de templanza y recato. Con motivo de las elecciones de provinciales dentro de las órdenes mendicantes, se desataron las más airadas discusiones y protestas que incluso terminaron a los golpes, como fue el caso de la elección del Provincial de los agustinos que, a finales de 1650, acabó a gritos y palos entre los mismos religiosos.

Cuando se celebraba alguna fiesta importante el orden en las procesiones, la solemnidad y las jerarquías también debían ser rigurosamente respetadas. Sucedió que una ocasión en que se conmemoraba la fiesta de Corpus (la más importante del mundo católico) los franciscanos debían ir a la cabeza de la marcha, por ser los primeros en llegar a Nueva España, seguidos por dominicos, agustinos y jesuitas, en ese orden. Cuando el evento estaba por comenzar, los dieguinos, una rama menor de los franciscanos, intentaron colarse en segundo lugar, aduciendo pertenecer a dicha orden, pero los insultos, los empujones y los gritos no se hicieron esperar. Entre los jaloneos y golpes con cirios que se propinaron, estuvo a punto de caer al suelo el festejado, es decir, el Santísimo Sacramento. Solo en ese momento los religiosos implicados en la gresca comprendieron el escándalo que habían armado, la mala nota que daban, el pésimo ejemplo al pueblo que atónito observaba y regresaron, por fin, a la compostura.

En otra ocasión, el hijo del virrey, conde de Baños, al poco tiempo de llegar a Nueva España, se puso a despotricar contra los criollos con el conde de Santiago de Calimaya, uno de los hombres más poderosos y encumbrados de la sociedad virreinal, y a quien no le hicieron gracia los ominosos comentarios. Las palabras de desprecio del hijo del virrey fueron acrecentando odios y "desabrimientos" y, después de otros encuentros ríspidos, mató de un carabinazo al criado más querido del conde Santiago de Calimaya. De esta manera, cuando el virrey fue cesado de sus funciones por codicioso y malmodiento, el conde aprovechó y retó a duelo a su hijo. Enterado del duelo, el obispo y virrey interino, Diego Osorio de Escobar, los mandó poner en arresto domiciliario por dos meses con una multa de dos mil ducados a cada uno, si infringían la prohibición, para evitar el escándalo y la potencial desgracia de verse ultrajados y muertos.

LOS NEGROS Y LOS DE COLOR QUEBRADO

A finales del siglo XVI, en el inmenso territorio que abarcaba más de cuatro millones de kilómetros cuadrados, se calcula que había una población novohispana compuesta por 30 mil españoles y criollos, 25 mil negros y sus descendientes y 3.5 millones de indígenas, aun después de la debacle demográfica sufrida por la guerra, las epidemias y el trabajo forzado. Contrario a lo que se piensa, la presencia de negros y sus descendientes (lobos, coyotes, mulatos y zambos) será constante y visible en los tres siglos de dominación española.

Traídos en barco desde Guinea, Angola y el Congo, mediante el asiento (monopolio) portugués, o desde Sevilla, los esclavos se convirtieron en piezas clave del engranaje económico, social y cultural de la América hispánica. Aunque aquí es preciso aclarar que las relaciones de negros y mulatos con el resto de los actores sociales en el mundo virreinal fue muy distinta a la de nuestro vecino país del norte. Las imágenes que acuden a nuestra mente cuando se habla de los afrodescendientes provienen mayoritariamente del cine y la literatura norteamericanas, como es el caso de *La cabaña del tío Tom, El color púrpura, Doce años esclavo, The Green Book*, entre otros, que retratan las vidas miserables de esclavos sucios, harapientos, golpeados y vejados constantemente por amos crueles, racistas y malvados.

En efecto, en Estados Unidos los negros no tenían ningún derecho ni personalidad jurídica. Por el contrario, los esclavos en el mundo hispánico, sí la tenían, es decir, podían entablar pleitos, casarse y bautizar a sus hijos. Si estaban casados, podían solicitar a su amo que no los vendiera por separado. También tenían la oportunidad de quejarse si sufrían maltrato por parte de sus amos, si eran heridos o les robaban sus pertenencias, etcétera. Además, los esclavos eran un símbolo de estatus y lo más granado de la sociedad virreinal se hacía acompañar de varios de ellos por las calles de ciudades, villas y pueblos; los vestían elegantemente y los acicalaban, en un despliegue de poder, prestigio y riqueza. Eso no quiere decir que no hubiese casos de crueldad o castigos excesivos, pero es necesario entender que, para aquellos hombres, un esclavo era un bien costoso, cuyo precio fluctuó, pero que equivalía más o menos al de un caballo. Maltratar indiscriminadamente a un esclavo era atentar contra los bienes propios, dañándolos o dejándolos inservibles.

Las formas de obtener su libertad provenían de una carta de manumisión en la cual el amo o ama establecía que eran libres (con frecuencia lo hacían en su lecho de muerte) o si el esclavo en cuestión ahorraba lo suficiente para comprar su libertad, la de su esposa e hijos, ya que la condición de esclavitud se heredaba por parte de la madre y no del padre.

Por otro lado, los negros tenían prohibido, al igual que los españoles, vivir en los pueblos de indios y debían por lo tanto radicar en las ciudades españolas, es decir, en las casas de españoles. Con frecuencia dormían en las cocinas o en el cuarto del amo, en el caso de ser nanas o cocineras. Esa cercanía ocasionó inevitablemente lazos afectivos y vínculos de cariño, lealtad y hasta ternura a la par del recelo y la desconfianza. Nodrizas, criadas, cocheros, mayordomos y capataces eran personas de confianza, que lo mismo hacían mandados, guardaban secretos y cuidaban de los hijos, que conseguían curanderas para recuperar la salud, el amor perdido y los objetos extraviados.

La población afrodescendiente y mestiza irá aumentando con el correr de los siglos hasta convertirse en la segunda más numerosa después de la indígena. En la Ciudad de México, hacia el siglo XVII, la población afromestiza superaba en varios miles a la española. El virrey don Martín Enríquez de Almanza, en 1574, escribía con preocupación al rey Felipe que los mulatos "señorean a los indios y van a malearlos", aludiendo a que eran altaneros, viciosos y un peligro para los indígenas que, como vimos, eran considerados miserables, y debían ser tratados con mayor benignidad que el resto de la población.

Con frecuencia, negros y mulatos atajaban a los indios que cada día acudían a la Ciudad de México a vender sus productos y los obligaban a malbaratar sus mercancías para después ellos revenderlas por las calles y quedarse con la ganancia.

Los indios se quejaban de los abusos sufridos. Es el caso de unos indígenas que levantaron una denuncia contra Miguel, un negro esclavo que a fuerza de robarse las piedras de la casa de una pobre viuda, se la había desbaratado. La relación entre nativos, negros y mulatos fue tensa y conflictiva, aunque el mestizaje da cuenta también de los intercambios y vínculos entre los tres grupos a pesar de todas las diferencias.

Poco tenían que ver estos esclavos con aquellos famélicos y andrajosos seres que trabajaban los campos de algodón o tabaco en Estados Unidos, y que la filmografía de aquel país ha seguido explotando en el imaginario colectivo. Como ya se mencionó, los esclavos y criados novohispanos eran símbolos de pujanza y desahogo económicos; elegantemente vestidos acompañaban a sus amos por las calles de las ciudades, realzando la posición social de sus dueños. Con frecuencia jugaban a los dados o baraja en la calle, mientras esperaban a sus amos, lo que llegó a ocasionar pleitos, amenazas, peleas a cuchilladas e incluso muertes que quedaban impunes, ya que los mismos amos (según se quejaban amargamente las autoridades) encubrían los delitos de sus esclavos. Fue el caso de Juan Patricio, negro propiedad del contador

Pedro Enríquez Noboa, en Mérida. El sacerdote Ignacio de Esquivel envió a unos topiles para forzar a unas indias a ir a trabajar a su casa. Juan Patricio impidió el rapto con el consiguiente enojo del cura, que lo regañó y le pegó por estorbar sus órdenes. Al enterarse Noboa, entró en cólera y le gritó a su esclavo que no debería haberse dejado golpear, porque eso era una afrenta y que fuera a cobrarle al cura el agravio bajo la premisa de "ojo por ojo". Juan Patricio obediente y contento quizás a pesar de las represalias que vendrían, en efecto, fue a pegarle al padre para después ufanarse con los otros criados y esclavos diciendo: "Ya queda el padre acomodado, cinco palos me dio, cinco palos le he dado". Sin embargo, después tuvo que darse a la fuga y esconderse un par de días en un gallinero, pues lo buscaron día y noche para castigarlo, aunque el gusto de "maraquearse" al padre nadie se lo quitó.

El mulato Juan de Llerena viajó a España y presentó una relación de méritos con la intención de solicitar un hospital para negros y mulatos y la exención del pago de tributo. Aseguraba que, al tiempo de la pretendida rebelión de Martín Cortés, segundo marqués del Valle, él había acudido en ayuda de la Corona española con casi un centenar de mulatos y armas para detener a los conspiradores, vigilar noche y día, y atajar cualquier intento de insubordinación.

También encontramos mulatos que, a pesar del requerimiento de limpieza de sangre, ingresaban a la universidad, como los hermanos Ramírez de Arellano, o mulatas libres que poseían esclavos, como las viudas xalapeñas, Isabel López y Úrsula de Villanueva, quienes otorgaron sendos poderes a dos españoles para que pudieran comprar y vender en su nombre terrenos, esclavos y mercancías.

María Núñez y Polonia de Ribas eran a su vez mulatas prósperas que también tenían negocios y esclavos. Polonia incluso dotó con la nada desdeñable cantidad de tres mil pesos en joyas, muebles y ropa a su hija Melchora, cuando esta se casó.

Por su parte, Josefa Zárate, conocida como Madre Chepa, era una mulata viuda que había establecido un hospital para marineros en Veracruz y que vivía de atender partos y curar dolencias. Entre los que llegaban en la flota de la Carrera de Indias era conocida como una "buena mujer, protectora de gente de mar".

Los afrodescendientes encontraron diversos cauces para defenderse de las injusticias o enfrentarse a los abusos de los españoles, como la mulata libre Magdalena de San Miguel, quien demandó a Pedro del Castillo, un presbítero español al que le había prestado 80 pesos para realizar el entierro de otro español, pero el clérigo durante mucho tiempo le había dado largas para no pagarle, hasta que la mulata le interpuso un pleito, harta de esperar la liquidación de la deuda.

La esclava mulata María Ramírez también acudió a denunciar al sacerdote Miguel de Pedrosa por robarle dos baúles y un escritorio que contenían lanas, paños, camisas bordadas, collares, cucharas de plata, vajillas y manteles, entre otros objetos; mercancía que sumaba la nada desdeñable cantidad de dos mil pesos. El sacerdote quiso defenderse diciendo que era mentira que tuviera tantos objetos siendo esclava y preguntaba que si de verdad tenía tanto dinero, por qué no había preferido comprar su libertad. A lo que María respondió que su ama la trataba con mucho cariño, la dejaba tener su negocio (también se dedicaba a la compraventa de pollo y huevo) y no tenía ninguna necesidad de comprar su libertad.

Vemos entonces que las relaciones afectivas, de poder y "raciales" son bastante más complejas de lo que podría suponerse.

Por otro lado, los mestizos, primero mezcla de español con indígena y después mezcla de la mezcla, eran considerados malentretenidos, viciosos y vagos, pero eran también el sector más numeroso. Fueron paulatinamente predominando al interrelacionarse con el resto de los grupos que conformaban aquel mosaico étnico, cultural y social. Los españoles estaban habituados a mezclarse con otros grupos de la población, como ya lo habían hecho anteriormente en España con musulmanes, judíos, árabes y negros. A diferencia del fenómeno anglosajón, en el que los blancos tendían a separarse de otros grupos, en el mundo virreinal no existía una prohibición racial expresa para no cruzar las barreras sociales, y a pesar de que estaba prohibido sostener relaciones sexuales fuera del matrimonio, la realidad del mestizaje nos muestra que, en la práctica, tal disposición nunca se respetó del todo.

DE ALLENDE EL PACÍFICO, LOS CHINOS

Otro grupo más reducido, pero no menos importante, dejó su huella en la población virreinal: los chinos venidos de Asia. Se le llamaba así a cualquier persona procedente del Oriente, ya fuera de Filipinas, China, Japón o la India. Así, hubo una migración forzada de chinos, como se les llamaba genéricamente a los asiáticos, pero fue menor que la de los africanos.

Las Filipinas eran territorio perteneciente a la Corona española, aunque el resto de la región en Asia estuviera bajo influencia portuguesa. A la llegada de los españoles, el archipiélago de siete mil islas e islotes tenía una población nativa de unos 600 mil habitantes. La población china de Manila que era la más numerosa fue llamada *sangley*, al parecer por una deformación del término *shanglai* que significa "los que vienen a comerciar". En efecto, Manila era un importante centro de intercambio desde donde se embarcaban numerosos productos: muebles, porcelanas, sedas y especias muy apreciadas en el mundo novohispano y en Europa, por supuesto. A partir del establecimiento regular de la ruta transpacífica Manila-Acapulco, la llegada de hombres y mujeres de Oriente se sostuvo, aunque, como ya se dijo, jamás se acercó en número a la presencia africana. "Indios de la India portuguesa", de Malabar, Borneo, China, Japón y Java, entre otros lugares, fueron traídos a América a bordo de las naos que atracaban en el puerto de Acapulco.

Como tantas otras "mercancías", sabemos que muchos eran introducidos de contrabando en puertos no autorizados, como Salagua en Colima, antes de llegar a Acapulco. Tal es el caso de la China Poblana, bautizada cristianamente como Catarina de San Juan, quien no era ni china ni poblana, sino una princesa de la India o de Mongolia que, siendo niña, mientras jugaba en la playa con su hermano, había sido raptada por piratas. Después de mil peripecias, fue comprada por un mercader poblano en Manila a los 10 años, al cual sirvió como esclava cinco años. Dedicada a las labores domésticas, pasaba sus ratos libres en el oratorio de sus patrones; ahí veneraba a un Cristo que, decían, sudaba gotas de sangre. Cuando el amo murió, le dejó carta de libertad con la condición de que sirviera a su viuda dos años más. Al término de ese tiempo, Catarina quedó bajo la tutela de un religioso que la convenció de contraer matrimonio con un esclavo suyo, para asegurar su futuro y sustento. Después de un corto aunque pésimo matrimonio con el esclavo Domingo Suárez, maltratador, vicioso y desobligado, al enviudar tuvo que trabajar arduamente para pagar las deudas que le había dejado el marido, y vivía apartada del trato social, hacía ayunos, realizaba trabajos pesados, se azotaba y solo salía para ir a la iglesia. Pronto se le conoció como la China Poblana. Trabó estrecha amistad con los jesuitas y su fama de santidad llegó a las más altas esferas de la sociedad virreinal. Murió pasados los 70 años y en su concurrido y vistoso funeral los asistentes quisieron arrancar algo de su atuendo para hacerse con alguna reliquia, pues la consideraban casi santa. Sobra decir que el suyo fue un caso excepcional. El resto de los miles de asiáticos que desembarcaron provenientes del Pacífico, y otros tantos que además de trabajar en el cultivo de cocoteros y cacao en territorio novohispano, fueron criados o esclavos de los españoles, no tuvieron fama ni notoriedad en Nueva España.

En los registros de entrada a Acapulco se consignan alrededor de cuatro mil "chinos", aunque seguramente el ingreso de orientales fue mayor por el contrabando y la corrupción. La Corona había prohibido la esclavitud de los filipinos por ser indios nativos de las Indias Orientales y porque era nuevos en la fe, al igual que los nativos americanos. Sin embargo, como sucedía con frecuencia, la prohibición no era cabalmente respetada.

LA MUJER A LA VENTANA,
MÁS PIERDE QUE GANA

Las mujeres españolas y criollas de cierta posición económica tenían por lo general poca libertad de movimiento fuera de las dos principales opciones de vida que se les permitían. Una era el matrimonio y la otra el convento, pero hubo quienes optaron por el beaterío y la soltería, ya fuera por falta de dote, de pretendiente, o incluso por falta de interés. Las mujeres vivían constreñidas al ámbito doméstico y sujetas a la autoridad masculina: el padre, el esposo, los hermanos o algún tutor. Sin embargo, al menos en los siglos XVI y XVII, había una relativa libertad para escoger cónyuge o los votos. Existieron solteras y por supuesto viudas que llegaron a encargarse de los negocios familiares y acrecentaron el patrimonio genealógico mediante las alianzas matrimoniales de sus hijos, o las rentas y ventas de las mercancías que producían sus haciendas, si es que tenían.

El papel de la mujer era importante, pues era la depositaria de la honra familiar, de la preservación del linaje y de la transmisión de los valores cristianos, además de los comportamientos morales autorizados. Su sujeción, protección y resguardo eran importantes en la época virreinal. El mal comportamiento trascendía a las generaciones y manchaba los blasones familiares, por ello era indispensable el recato, la modestia, la discreción y la sencillez. Aunque la moderación nunca fue una virtud de los novohispanos.

133

MUJERES JUNTAS, NI DIFUNTAS:
LAS MONJAS

Toda ciudad que quisiera realzar su prestigio tenía por lo menos un convento femenino. Fundados y construidos gracias a las donaciones de benefactores y parientes de las monjas, competían en la belleza de su arquitectura y suntuosidad.

Los conventos eran espacios en los que convivían mujeres de diferentes extracciones sociales. A pesar de que para profesar y ser monja de velo negro las mujeres debían ser españolas o criollas, sin mancha de ilegitimidad, también recibían a huérfanas pobres para su educación, como obra de caridad o como compañía; además de esclavas negras o mulatas, criadas indígenas o viudas, que decidían recluirse el resto de su vida. Para quienes quisieran ser monjas, pero no tuvieran una dote que aportar al convento, se les permitía el ingreso si tenían alguna habilidad para tocar un instrumento musical o una bella voz para cantar en el coro. El caso de Sor Juana muestra que aun a pesar de la ilegitimidad era posible ingresar al convento, y mantener una posición privilegiada dentro del mismo.

El primer monasterio femenino en Nueva España fue el de Jesús María o de la Concepción, en la Ciudad de México, fundado poco después de 1540. El objetivo inicial del convento era recibir a las hijas de conquistadores empobrecidos. Paulatinamente se volvió más elitista. Ahí profesaron las nietas del *tlatoani* Moctezuma, doña Catalina y doña Isabel, y sus primas doña Ana y doña Leonor Sotelo Moctezuma, descendientes de Cuauhtémoc, el último *tlatoani* mexica.

La orden concepcionista, de reciente fundación y origen portugués, permitía la convivencia de mujeres seglares dentro del convento. Incluso, ocupaban amplias celdas individuales con su propia cocina y manejaban bienes particulares. Pese a que la mayoría de las monjas provenían de familias acomodadas, siempre hubo diferencias entre ricas y pobres, españolas y criollas. Las autoridades eclesiásticas insistían en que se quitaran tocados, pulseras, anillos y demás adornos extravagantes que solo "afeaban las almas". La religiosa española Inés de la Cruz (no sor Juana), que después fundaría el convento carmelita de San José, también conocido como Santa Teresa la Antigua, señalaba con reprobación que las monjas concepcionistas en su mayoría criollas parecían "santas pintadas sin ninguna ocupación".

La conciencia criolla pronto apareció también dentro de los conventos, dividiéndolos en bandos a veces irreconciliables. Así, algunas españolas se quejaban de que las novohispanas, parientas de encumbrados y millonarios personajes, las trataran despreciativamente: "Con ojeriza, por ser pobres del otro lado del charco."

En los años siguientes se fundaron otros conventos, como el de Regina Coeli, Balvanera, San Bernardo, Encarnación y Santa Inés, y otros más en las ciudades de Puebla, Querétaro, Morelia, Oaxaca, Guadalajara y Mérida. Posteriormente se establecieron monjas dominicas, agustinas, carmelitas, clarisas y capuchinas.

La edad para ingresar oscilaba entre los 16 y los 20 años. Para el noviciado se requería un año de preparación y para la profesión de velo negro, dos años. Era indispensable aportar una dote de alrededor de tres mil pesos para su manutención. Un día antes de ser recluida en el monasterio, la aspirante era paseada por las calles de la ciudad cargada de joyas y ricos ropajes. Era su despedida de las frivolidades y fastos del mundo. Una vez que profesaban los votos en el convento, las religiosas jamás volvían a salir, ni al médico, ni a una fiesta, ni a visitar parientes. Como esposas de Cristo debían su vida a la contemplación, y no a diversiones mundanas.

Lo cierto es que, respetando la regla general, se les permitían diversas comodidades. Ingresaban con un copioso ajuar: baúles, sillas, camas, cuadros, doseles, manteles y hasta esclavas y mascotas. Tenían sus propios aposentos y cocinas, como ya se mencionó, y no comían en el refectorio. Asimismo, recibían "niñas" con las que compartían el cuarto. Eran su compañía y entretenimiento. Al no ser monjas, podían entrar y salir del convento, al igual que la servidumbre. De esta manera aquellas "niñas" se convertían en un enlace con el mundo exterior. Aspecto que las autoridades veían con reprobación y que quisieron reformar sin demasiado éxito a finales del siglo XVIII. Dichas "niñas" no necesariamente eran menores de edad, como entendemos ahora el término. Eran mujeres que oscilaban entre los 40 y 50 años, y vivían en el convento sin ser monjas. Aprendían oficios mujeriles, como bordar o cocinar, y podían desempeñarse como cantoras, músicas, administradoras o contadoras. No recibían ninguna instrucción y el término "niña" hacía alusión a su condición de solteras. No precisamente a su corta edad.

Por otro lado, el ingreso al convento era considerado benéfico para las niñas y adolescentes, y útil para las monjas, porque la mujer por su naturaleza frágil corría diversos peligros y era necesario preservarla de ellos. Si bien se prohibía que ingresaran menores de 10 años, la realidad es que había mujeres que se habían criado en el convento desde los dos años. Al cumplir los seis, debían recibir un permiso especial para poder salir del mismo. A los siete, ya se consideraba que podían ayudar en algunas faenas, y más que una carga eran ya una compañía.

La desgracia también llamaba a las puertas cuando quien las protegía o a quien servían en el convento fallecía, tendrían que vivir de arrimadas con otra monja o abandonar el convento para buscar sustento y hogar. Podían también sufrir la expulsión del claustro si la monja a la que servían ya no las quería. O ser intercambiadas de un hogar a otro, por falta de medios económicos o familia que las recibiera y mantuviera.

La opción conventual resultaba especialmente atractiva para los familiares que debían hacerse cargo de parientes huérfanas. Las ingresaban para que acompañaran o sirvieran a otra prima, hermana o tía que tuviera dote, de esa manera se deshacían de su manutención y en el futuro podrían conseguir un cónyuge con mayor facilidad. Algunos testamentos dejaban capellanías de matrimonio que consistían en dotes de 300 pesos para que las huérfanas de origen español (aunque sabemos que la calidad era bastante flexible) pudieran casarse y asegurar su porvenir. Las interesadas en ese beneficio participaban en un sorteo y si ganaban, salían unas cuantas horas en procesión acompañadas por alguna criada. Si algunos hombres estaban interesados, las señalaban como posibles candidatas para casarse con ellas.

El convento también podía ser refugio, como fue el caso de doña Juana, la esposa de un prominente judío penitenciado por el Santo Oficio. La señora, en cuanto su marido fue aprehendido por los alguaciles inquisitoriales, se escondió en el convento de San Jerónimo, bajo la protección de una hermana monja, y otras amigas. O como el de María de Estrada, quien buscó asilo en el convento de Balvanera donde era monja su hija, para huir del maltrato de su marido. También fue el caso de María de Tapia, quien, después de ciertas desavenencias con su esposo, solicitó que la depositaran en el convento de la Concepción y al resolverse el pleito tres meses después volvió al hogar conyugal.

Los conventos albergaban entre 300 y 400 mujeres, además de criadas y esclavas. A finales del siglo XVII, en el convento de Santa Clara en Querétaro vivían 100 monjas y 400 criadas. En Valladolid (Morelia), el obispo don Francisco Sarmiento intentó sacar a 500 criadas que servían en un convento, pero como la ciudad tenía pocos vecinos españoles (unos 200, es decir, poco menos de mil habitantes), "no supo dónde echar tanta mujer" y desistió de su objetivo. La priora tenía tan solo para su servicio 10 criadas y las demás religiosas otro tanto. Puede ser una exageración del sacerdote que registró el suceso, lo cierto es que los monasterios femeninos no podían existir sin ese extenso servicio de criadas y esclavas que atendían en todos los menesteres cotidianos a sus amas y las acompañaban.

Las quejas por los malos tratos recibidos por las monjas podían acarrear castigos más severos. Aun así, había innumerables reclamos de niñas y criadas que pedían regresar "a vivir en el mundo", es decir, que las dejaran salir del encierro. Agustina González, una española, se quejaba de que María de la Cruz, "chichimeca guerrera", había ingresado al convento de San José de Gracia a los 14 años, con la promesa de que una monja le enseñaría a bordar y otros menesteres, a cambio de servirle. Seis años después, María se lamentaba amargamente de los malos tratos que le daban. Alegaba estar enferma y a disgusto y pedía salir. La abadesa desestimó la queja, pues ella la veía "buena y gorda". Agregó que no recibía ningún maltrato. Aun así, el obispo firmó la autorización para que la joven chichimeca pudiera abandonar el convento.

Hay toda una fantasía en torno a los amoríos prohibidos de las monjas, el lesbianismo, los fetos emparedados y otros aspectos morbosos muy populares en el imaginario colectivo. Y aunque los rastros históricos no permiten confirmar tales sospechas, podemos destacar el caso trágico y raro del truculento amorío entre sor Antonia de San José, una monja del convento de Jesús María, y el agustino fray Pedro de Velázquez. Todo se descubrió por la indiscreción de un muchacho que alertó a las autoridades sobre el nacimiento de una criatura y la posible fuga de una monja. Se inició una averiguación en la cual se descubrió que el romance con sus vaivenes había durado casi nueve años e involucraba media docena de cómplices.

La religiosa se había criado en Toluca, por eso en el convento se le conocía bajo el apodo de *la Toluca*. Unos días antes de profesar, en un paseo por San Agustín de las Cuevas (Tlalpan) había conocido al religioso. Ella tenía 19 o 20 años. Ingresó al convento y tiempo después, cuando veía una procesión desde la azotea, vio a fray Pedro, quien le hizo señas para que bajara a platicar al locutorio (reja de por medio). Como pasaron los meses y las visitas fueron demasiado frecuentes, la monja tornera, encargada de vigilar gestos, intercambios y conversaciones, se dio cuenta de que aquello iba más a allá de una simple amistad. Reconvino a la monja para que el agustino cesara sus visitas. Sor Antonia, que compartía celda con sor María de la Trinidad, quien incluso le mandó construir su propia celda anexa, decidió que mantendría las visitas de su enamorado, haciendo un hoyo en el piso. Su celda estaba construida sobre el techo de una casita adosada al convento que también era propiedad de sor María.

Fray Pedro rentó la casa y tuvo viviendo ahí a personas de su confianza. Las rotaba cada cierto tiempo para que ocultaran la situación. Los encuentros amorosos duraron cuatro años, ante la mirada reprobadora y cómplice de sor María de la Trinidad, que siempre amenazaba con denunciar a la Toluca. Pero como era su protegida, nunca tuvo corazón para hacerlo. Muchas noches, fray Pedro durmió en la cama de sor Antonia, hasta que resultó embarazada.

Al enterarse, el agustino se desentendió del asunto y lo dejó en manos de un mulato amigo suyo de la infancia, que consiguió una partera, que hiciera las visitas regulares en la casita, una nodriza para los días que sor Antonia no pudiera amamantar a la hija, y hasta un padrino de bautizo. Aunque la Toluca le regaló diversos objetos al agustino, como camisas bordadas y una imagen de pecho (accesorio dentro del vestuario de monjas de unos 20 centímetros que se colocaba sobre el pecho) para que la empeñara y pudiera pagar el parto, el fraile nunca le devolvió la cortesía.

El resto de las religiosas jamás se enteraron del embarazo, a pesar de que con los síntomas sor Antonia se ausentaba con frecuencia del coro y de algunas labores comunitarias. Era común que las monjas enfermaran y permanecieran por días en sus celdas o en la enfermería. La holgura del hábito ocultó sin problemas su abultado vientre.

Las sentencias fueron muy duras y al descubrirse el amorío se abrió un proceso y Sor María fue despojada de todos sus bienes. El mulato que había ayudado a la monja, así como el muchacho que había ido con el chisme, fueron encerrados en la cárcel episcopal. Fray Pedro fue enviado a un convento en Guatemala, donde estuvo en un cepo durante dos años. Permaneció encarcelado de por vida. Sor Antonia fue condenada a vivir emparedada el resto de su existencia (sin comunicación alguna con nadie, ni ventanas, ni luz). Murió más de 20 años después. La hija fue abandonada en un hospicio sin que sepamos cuál fue su destino.

El caso debía haberse llevado en secreto por la gravedad de los delitos, pero el arzobispo Aguiar y Seijas, con sus indiscretos interrogatorios, ocasionó que el desafortunado suceso se comentara por todos los rincones. Plazas, mercados y casas de la capital novohispana hicieron eco del hecho. Aunque es un caso excepcional, nos deja ver cómo a pesar de la clausura, los diversos sectores se vinculaban de manera afectiva y social.

En comparación con el resto de la población femenina, el número de monjas fue siempre muy reducido. Esto nos muestra que el privilegio lo alcanzaron muy pocas, sin embargo, eran un importante baluarte del ideal, del modelo femenino que evocaba ser esposas de Cristo, alejadas de diversiones mundanas.

Sor Juana Inés de la Cruz, para quien la universidad no era opción a pesar de su deseo ferviente de ingresar a esta, aun disfrazada de hombre, que tampoco se inclinaba por el matrimonio, eligió la vida conventual en un monasterio de reglas muy rígidas. Sin embargo, se cambió posteriormente al de San

Jerónimo, en el cual la norma era un poco más suave y podía tener una biblioteca propia, una colección de instrumentos científicos y la libertad de escribir (con el trágico fin que conocemos).

Pero no hay que equivocarse pensando que las religiosas eran mujeres indefensas sin ninguna posibilidad de manifestarse. Cuando había elecciones para una nueva priora, era frecuente que el convento se dividiera en bandos. Sucedió que, en el convento de San Lorenzo, una monja que ya había ocupado varios puestos, y cuyo último había sido el de portera mayor, se presentó a la elección para ser abadesa. Perdió por cuatro votos de diferencia contra Bernarda de San Lorenzo. El canónigo Juan Diez de la Barrera intentó imponer a su candidata con la consecuente furia y alboroto de las monjas. Elevaron una protesta para que se declarara nula la elección.

En el convento de Regina Coeli también se postularon, como candidatas para ocupar el cargo de abadesa, Mariana de San Lorenzo y María de San Luis, ambas eran familiares de importantes figuras del gobierno de la ciudad. María ganó la elección por 60 votos, pero el provisor del arzobispado hizo que se repitiera la elección dos veces más con idénticos resultados, pese a lo cual le dio el triunfo a Mariana. Tremenda trifulca se armó entre monjas, criadas y niñas que se insultaron y agarraron a golpes, y hasta al provisor le tocaron insultos. Pero el fraudulento resultado no se modificó. Aunque las mandaron callar y sosegarse, María se negó a aceptar la derrota y junto con sus partidarias elevó airadas protestas ante el virrey, cubriendo al provisor de maldiciones y oprobio. Las autoridades les ordenaron quietud y silencio, pero la pendencia se mantuvo varias semanas sin que María obtuviera el puesto.

Lo mismo sucedía cuando se les exigía una contribución para el empedrado de las calles en el exterior del convento: las monjas alegaban enfermedad, pobreza, desvalimiento y no pagaban ni un centavo.

Es cierto que la mayoría de los monasterios femeninos novohispanos sufrieron temporadas de estrechez económica e incluso pobreza. Al igual que el mundo exterior, sufrían por las epidemias, los terremotos, las inundaciones, los incendios y las crisis agrícolas, que ocasionaban desabasto. También vivieron tiempos de prosperidad y bonanza. Los principales ingresos que recibían eran las dotes, limosnas, capellanías, herencias y donaciones. Debían ser buenas administradoras. Como no podían abandonar la clausura, tenían a un mayordomo que administraba sus propiedades y las rentas en el exterior.

La profesión de monja era un título de distinción tanto para la religiosa como para la familia. Significaba la suma de diversos factores: un linaje encumbrado, una posición desahogada y una vida de aislamiento que garantizaba la castidad de la monja y su dedicación a Cristo para siempre. A cambio, la mujer debía renunciar irreversiblemente al matrimonio, el amor de pareja y la posibilidad de ser madre.

MUJERES DE LA "MALA VIDA" Y PEOR SUERTE

Además del matrimonio y el monacato, las opciones de vida laboral para las mujeres eran reducidas, pues no les estaba permitido el ingreso a la universidad. Asimismo, quedaban excluidas de las labores mecánicas. El trabajo femenino era menospreciado y las ordenanzas no permitían el ingreso de las mujeres al aprendizaje y desempeño de los diversos oficios, como los de zapatero, sombrerero, dorador, cordelero, sastre, carpintero, etcétera. No había demasiadas opciones para las mujeres de estratos económicos más desfavorecidos. Por ejemplo, estaban las casaderas que, como vimos, eran pobres pero honradas, y a quienes era necesario conseguir una dote y un buen marido para que no se "perdieran"; también prostitutas, que eran un "mal necesario", y que evitaban que los hombres pecaran con sus esposas. O parteras, curanderas (para algunos sectores los médicos eran un lujo, una novedad o una presencia innecesaria) o hechiceras mestizas e indígenas, quienes preparaban filtros amorosos o conjuros para amansar al marido o a los amos. Encontrar objetos perdidos, interpretar presagios, adivinar el porvenir o castigar al marido infiel eran parte de un trabajo no reconocido y aun perseguido por las autoridades, pero al mismo tiempo socorrido principalmente por otras mujeres.

Muy pronto se instalaron burdeles o casas de mancebía, que eran los prostíbulos de aquel tiempo. Este oficio era ejercido en su mayoría por españolas y en menor medida por negras y mulatas, mientras que las indígenas no parecen haber participado de dicho comercio carnal como se le llamaba en aquel tiempo.

Desde finales del siglo XVI, se estableció que solo mujeres huérfanas o abandonadas podían ejercer la prostitución, y así conseguir su sustento. *Mujer suelta* o *soltera* (término asociado a las riendas de una cabalgadura) eran sinónimos para aquellas que no se sujetaban a las normas de recato y sumisión sexuales de la época. Para designar a una mujer que no se hubiera casado y fuera virgen, se utilizaba el término *doncella*, no el de soltera. También podían sucumbir las viudas o las esposas abandonadas y las "mal casadas", aquellas que a pesar de tener un cónyuge este era incapaz de sostenerlas. Por lo tanto, se crearon recogimientos que eran centros en los que se les proporcionaban alimento y un techo, y con lo cual se intentaba prevenir que las mujeres vulnerables antes mencionadas cayeran en el oficio más antiguo del mundo, o corregir a las que ya lo ejercían y lograr el arrepentimiento de otras. Tal fue el caso del primer recogimiento de Jesús de la Penitencia para mujeres arrepentidas que albergaba entre 80 y 120 internas, e igual número que deseaba ingresar, aunque la escasez y la falta de espacio lo impedían. Posteriormente se fundaron el de San Miguel de Belén y el de María Magdalena, en donde se recibían mujeres que estuvieran en medio de un pleito de divorcio (entendido solo como separación de cuerpos y no como disolución del vínculo matrimonial), si bien al poco tiempo, debido a las complicaciones del trámite y la rigurosidad del encierro, muchas optaban por volver con el marido. Más vale malo por conocido…

Otras mujeres, por el contrario, se negaron a ingresar en dichos espacios y ejercieron la prostitución ya fuera por elección o por necesidad. Tal es el caso de Ana Bautista, viuda de un procurador de la Real Audiencia. Puso un mesón y de ahí se convirtió en alcahueta, que era como se les llamaba en aquel entonces a quienes se dedicaban al proxenetismo.

En otros casos, podía ser incluso el marido quien, incumpliendo sus obligaciones de manutención, promovía el comercio carnal de su esposa para el sustento del hogar. Otras como Andrea Cásarez y María Flores, abandonadas en Acapulco (pequeño pueblo de pescadores negros y mulatos que solo revivía a la llegada del galeón de Manila) por sus maridos que habían partido a Filipinas, sumidas en la pobreza y el desamparo, se dedicaron también a ejercer este oficio.

LAS VIRREINAS

Tan solo un poco más de la tercera parte de los virreyes que gobernaron durante los tres siglos de vida novo-hispana trajeron a sus esposas. El resto había enviudado cuando recibió el cargo, como el primer virrey don Antonio de Mendoza; otros eran solteros, sobre todo, en el siglo XVIII, como Revillagigedo y Bucareli, y en un tercer grupo se encontraban los religiosos que por su condición célibe no tenían consorte, como fray Francisco García Guerra, fray Payo Enríquez de Rivera o don Juan de Palafox, por mencionar solo algunos.

Durante los 300 años de vida virreinal, hubo tan solo 28 virreinas que vivieron en Nueva España, las cuales provenían de familias nobles o tenían vínculos de parentesco con prominentes miembros de la corte en España, salvo algunas hidalgas que no poseían un insigne origen, pero que lograron relacionarse con los círculos de poder para colocarse en una situación privilegiada. Tal fue el caso de la esposa del marqués de Branciforte, cuyo hermano, Manuel Godoy, era el favorito y amante de la reina de España.

En Nueva España durante el siglo XVI, solo hubo tres virreinas. En el siglo XVII, trece, y en el siglo XVIII, doce. La primera fue Ana de Castilla y Mendoza, esposa del segundo virrey Luis de Velasco, que llegó a Nueva España con este cargo y se mantuvo en él hasta finales del siglo XVI.

La virreina, al igual que su esposo, debía preparar el séquito que la acompañaría a tierras americanas. Estaba compuesto de familiares, sirvientes, damas de compañía y gente que buscaba un favor o una ayuda para algún negocio o merced, o al menos, un matrimonio ventajoso. Al llegar, las virreinas debían invitar a algunas novohispanas para ampliar su círculo social, según lo estipulaba el Consejo de Indias desde principios del siglo XVII.

Pero una vez llegada a la capital virreinal, después de haber pasado por Veracruz, Tlaxcala, Puebla, el santuario de la Virgen de Guadalupe y las casas reales de Chapultepec, la virreina no se mostraba en público. No acompañaba al virrey en las ceremonias solemnes ni participaba de las fiestas de Corpus o del paseo del pendón, las más importantes de la capital. Debía regirse por normas muy estrictas de comportamiento y observar los desfiles, fiestas y procesiones detrás una cortina o una celosía de madera, en el llamado "balcón de la virreina", o desde la casa de algún funcionario, pues debía guardar el recato y la dignidad propios de su condición.

La ausencia de las virreinas en las calles no significaba su desaparición de la escena social, cultural ni política. Por el contrario, dentro del palacio virreinal las habitaciones destinadas a su vivienda (no se les permitía el acceso a los salones de la Real Audiencia, al estrado del virrey ni por supuesto a la Cárcel de Corte que, por raro que parezca, estaba dentro del palacio) vibraban con una intensa actividad en los cumpleaños y fiestas. En sus aposentos se organizaban tertulias, bailes, obras de teatro y visitas de lo más granado de la sociedad virreinal. Durante casi 40 años, a inicios del siglo XVIII, prácticamente no hubo vida cortesana en el palacio virreinal, ya que los virreyes que se sucedieron de 1710 a 1746 eran solteros, viudos o religiosos.

Aunque algunas virreinas hicieron negocios, como Elvira de Toledo, que rifaba objetos de cristal cortado y con las ganancias compraba cacao para revenderlo en España a través de contactos comerciales, la que sacó más ventaja de su posición fue la astuta María Antonia de Godoy. La marquesa de Branciforte llegó a Nueva España solo para descubrir con horror que las joyas de las novohispanas eran muy superiores a las suyas. Perlas enormes de distintos colores, engastadas en oro, plata, esmeraldas y rubíes. La marquesa ideó un plan en connivencia con su marido para hacerse con los aderezos de aquellas mujeres y en un baile apareció cubierta por corales, las joyas que utilizaban las mujeres de estratos económicos bajos y aun las esclavas.

Mientras se pavoneaba en la fiesta, aseguró a las sorprendidas e inocentes mujeres que las perlas habían pasado de moda en Europa y que ya nadie las usaba. Las novohispanas siempre deseosas de estar en tendencia fueron raudas a deshacerse de sus perlas, las cuales un intermediario coludido con la virreina compró a precios muy bajos, y a cambio adquirieron corales a precios escandalosos. Con lo cual, María Antonia llenó sus alhajeros y baúles hasta el tope. Para cuando las mujeres engañadas descubrieron la estafa, el virrey y su esposa ya iban en el barco de regreso a España.

Los paseos a las afueras de la ciudad auspiciados por particulares eran también parte fundamental de la vida de los virreyes y sus señoras. Así, pasaban largas temporadas en Tacubaya, un lugar fresco, lleno de árboles, ríos y huertas en donde el arzobispado tenía una suntuosa casa, con una parcela muy grande (actualmente ahí se encuentra el Observatorio Meteorológico Central). También iban a San Agustín de las Cuevas, hoy Tlalpan, a San Ángel y a diversos paseos por el canal de la Viga, en trajineras doradas y suntuosamente decoradas para la ocasión.

Los monasterios femeninos también fueron espacio de recreación y sociabilidad para las virreinas. Con frecuencia las religiosas organizaban bailes y conciertos pequeños con niñas disfrazadas con flores y plumas, ya que era costumbre que las virreinas llevaran a obsequiar costosas joyas y elegantes vestidos para engalanar las imágenes devocionales en los conventos, como vírgenes y santas. No en balde se usa la expresión "las perlas de la Virgen" para decir que algo es sumamente costoso.

De esta manera, Leonor Carreto, esposa del virrey marqués de Mancera, forjó una estrecha amistad con sor Juana Inés de la Cruz; María Luisa Manrique marquesa de la Laguna llegó a recomendar la publicación de las obras de la monja jerónima en España.

En los oficios divinos en Catedral, la virreina debía estar en un palco o jaula, es decir, un espacio separado y enrejado de madera. Se hacía acompañar por algunas de sus damas y a todas se las cubría con cortinas que impidieran a los curiosos verlas, pero que hacían imposible ignorar su presencia. También en los autos de fe inquisitoriales ocupaban un lugar al lado de sus esposos, al menos así ocurrió en varias ocasiones en el siglo XVII.

LOS ASUNTOS DE PALACIO VAN DESPACIO:
EL *ALTER EGO* DEL REY

De los virreyes nos hablaron poco también. De las clases de la primaria solo recuerdo a O'Donojú, que nomás llegó a ratificar la Independencia y no era virrey sino "jefe político". El mismo que se murió casi al desembarcar, dejando a su esposa en la indefensión total, como el perro de las dos tortas: sin poder volver a España ni tener con quién juntarse acá.

El gobierno de los virreinatos en América se dividía en cuatro grandes sectores, que debían ser atendidos por el virrey: la administración pública (gobierno), la organización militar (guerra), la Real Hacienda (cobro de impuestos) y la judicatura (justicia).

El virrey era la cabeza del gobierno y el *alter ego* del rey. Por ende, debía conducirse con decoro además de negociar, intervenir y actuar discretamente con la población local para no herir susceptibilidades y lograr acuerdos. Los virreyes que se empecinaron en imponer su voluntad fueron muy impopulares. Ante el descontento y la presión e incluso aversión de los grupos afectados, con frecuencia debieron abandonar el cargo.

No era un funcionario más. Era la encarnación del rey en sus posesiones americanas. Como tal, debía comportarse con la gravedad y el decoro propios de su cargo. Su llegada era un acontecimiento muy importante que requería de elaborados preparativos realizados con mucha antelación. Desde su desembarco en Veracruz, iba recorriendo distintos pueblos y villas que ofrecían suntuosos banquetes y regalos con la intención de ganarse su favor.

Cuando arribaba a la Ciudad de México, salían a recibirlo a caballo las distintas corporaciones, como la universidad, el cabildo, los alcaldes ordinarios, los regidores, el corregidor, los miembros del tribunal de cuentas y la Real Audiencia para acompañarlo hasta la calle de Santo Domingo, por donde regularmente ingresaba con su comitiva. Se fabricaban grandes arcos triunfales de cartón, con dibujos y decorados alusivos a su linaje, méritos y cualidades. La ciudad se cubría de colgaduras, pinturas, cuadros, flores y antorchas que engalanaban los balcones y las calles.

Si bien estaba prohibido que los hijos y parientes más cercanos de los virreyes viajaran con ellos a las Indias para evitar que se tejieran vínculos de compadrazgo y parentesco con las élites locales, mismos que darían pie al influyentismo, hubo algunos que consiguieron dispensas para venir a América con sus hijos, nueras y nietos.

El virrey, acompañado de una gran comitiva, entre criados, esclavos, parientes, amigos y pajes, vestía siempre lucidas ropas con bordados de oro y elegantes telas conforme a su estatus. Sus familiares, como se le llamaba a toda la gente que se cobijaba bajo su techo, también debían ir elegantemente vestidos con libreas bordadas, signo de la distinción y opulencia del gobernante.

Así, por ejemplo, el virrey marqués de Villena viajó además de con su séquito, con 200 gallinas, 12 vacas, 200 carneros, barriles de fruta en conserva, costales de arroz, castañas, garbanzos, pasas y diversas clases de vinos. Durante su viaje desde España a Veracruz gastó seis mil ducados diarios (unidad de referencia que no se acuñaba ya, pero que se traduciría en la estratosférica suma de 66 mil reales, es decir, 8 250 pesos de aquella época).

Desde mediados del siglo XVI, la Corona desalentó la adaptación de los funcionarios a los territorios americanos y estableció normas restrictivas para que sus periodos de gobierno no fueran mayores a los seis años. Esto con la intención de que no se casaran con novohispanas, poseyeran bienes ni hicieran negocios durante su gestión, en un intento por aislarlos de las dinámicas y vínculos locales que podían llegar a influir en sus determinaciones, lo cual, en efecto, de todas formas sucedió.

LA BUROCRACIA IMPERIAL

La Corona española, sumida en una casi permanente crisis financiera y en sucesivas guerras contra Francia e Inglaterra, comenzó a conceder cargos de gobierno a particulares de manera vitalicia, en teoría, por los servicios prestados al rey, pero en realidad por influencias y el pago de un "donativo" para las arcas reales. Se vendió el cargo de regidor del Ayuntamiento y se sumaron el de alguacil, escribano, oficial de la Casa de Moneda y de la Real Hacienda, el de corregidores, gobernadores e incluso, oidores.

Estos burócratas comenzaron a considerar sus cargos como propiedad privada. Los heredaban, vendían, rentaban e incluso, hipotecaban. La Corona vio con preocupación dichas prácticas, pero la precaria situación financiera no le permitió crear una burocracia profesional confiable, al menos mientras gobernó la dinastía de los Habsburgo. De esta manera, intentó regular las prácticas existentes limitando el campo de acción, de forma que los oficios salieran a remate público, y que no pudieran rentarse ni hipotecarse, aunque sí heredarse o traspasarse, siempre con la aprobación de la autoridad real. Para esto, era necesario cumplir con ciertos requisitos, como ser español, no desempeñar ningún trabajo manual (no ser artesano) y pagar algunos derechos a la Real Hacienda. Sin embargo, a pesar de que la Corona prefería a peninsulares para ciertos cargos, por su desapego a las intrigas y compadrazgos locales, en realidad los puestos se fueron "criollizando". La eficiencia y el cabal cumplimiento de las leyes pasaron por el tamiz de parentescos, amiguismos e intereses locales.

En cuanto a la organización militar, Nueva España careció de un ejército profesional, tal y como lo conocemos actualmente, desde la llegada de Hernán Cortés hasta finales del siglo XVIII. En las fronteras del norte, en constante guerra con los nativos, los hacendados armaban a sus hombres y se formaban compañías de indios flecheros (que no montaban a caballo porque les estaba prohibido) para detener los ataques y avances de los llamados indios *bárbaros*. En cuanto a los puertos, las compañías de pardos, es decir, conformadas por mulatos y mestizos, defendían las costas a caballo y lanza en mano. Y como ya lo vimos, en caso de un ataque se convocaba a todos los hombres sanos y en edad de pelear para defender el territorio, mismos que debían aportar sus propias armas y caballos en caso de ser necesario.

Cada sociedad establece lo que considera delitos o crímenes que atentan contra el orden imperante y que en consecuencia deben ser castigados. Nueva España se caracterizó por tener un sinnúmero de tribunales que administraban la justicia en diversos rubros de la vida. El tribunal del Santo Oficio, por ejemplo, perseguía los delitos religiosos, como la herejía, el judaísmo, la blasfemia, la bigamia y la solicitación. Otras corporaciones tenían también su propio tribunal para resolver internamente disputas o delitos. Tal fue el caso del poderosísimo consulado de comerciantes o el de la universidad, que tenía la facultad de sentenciar a alumnos o profesores implicados en algún delito menor, y que incluso tenía sus propios calabozos.

La Real Audiencia representaba el eje sobre el cual giraba la administración de justicia. Ayudaba en el gobierno al virrey y se encargaba también de diversos juicios y pleitos, con mucha frecuencia aquellos que involucraban quejas o agravios a los pueblos de indios. Se erigió en 1527, siguiendo el modelo de

Santo Domingo en La Española. Se componía de ocho oidores, cuatro alcaldes de casa y corte y dos fiscales, además de los subalternos: el alguacil mayor, relatores, escribanos de cámara, abogados, procuradores, intérpretes y el portero. Durante 200 años el número de funcionarios no aumentó, aunque sí lo hizo la cantidad de pleitos y casos que se tenían que dirimir. A causa de esto, no se daban abasto para resolver el trabajo y ya bien entrado el siglo XVIII, se sumaron cuatro plazas de oidor y dos de alcalde del crimen.

Se les llamaba oidores porque en representación del rey, que estaba a ocho mil kilómetros, escuchaban los pleitos, apelaciones y suplicaciones de las sentencias de los jueces ordinarios. Eran nada más y nada menos que los administradores de la justicia real y compartían con el virrey la autoridad superior en Nueva España, pues juntos formaban el Real Acuerdo. En este tomaban las decisiones conjuntamente. La Cárcel de Corte, lugar en el que se encerraba a los declarados culpables por la Audiencia, se encontraba dentro del palacio virreinal, en la esquina que está frente al Sagrario Metropolitano.

Las jornadas laborables (excluidos los domingos y días de fiesta, como carnaval, Semana Santa, Pascua y Navidad, entre otros) comenzaban a las 7:30 a. m. los lunes, miércoles, jueves y sábados. Este último día era cuando se escuchaban las relaciones de las 8 a las 11 a.m. Los martes y viernes estaban enfocados a la audiencia pública. Los lunes y jueves se llevaba a cabo el Real Acuerdo a partir de las 3:30 p. m., hasta despachar todos los asuntos. El resto de la tarde se hacían diligencias fuera del local que estaba situado dentro del palacio virreinal o Real Palacio, en el lugar que ocupa actualmente Palacio Nacional en la Ciudad de México.

Los alcaldes de casa y corte llevaban una rutina parecida. Todos debían vestir conforme a su gremio: los letrados con traje talar, los magistrados con garnacha (especie de toga con mangas y cuello ancho), y los demás con toga.

Y aunque cada uno tuviera una ocupación específica, era frecuente la superposición de atribuciones y poderes. Esto dio como resultado amargas disputas entre los funcionarios virreinales que, como ya lo vimos, no siempre se llevaban bien.

En una audiencia, el presidente en turno, el licenciado Peralta, mandó callar a otro oidor de apellido Villalba, por estar hablando demasiado fuerte. El funcionario ofendido respondió que no se iba a callar y que mejor se callara él, porque era un ignorante. Peralta le ordenó bajarse del estrado y alzó una muleta con la que caminaba con la intención de pegarle. El resto de los oidores debieron intervenir para sosegar los ánimos y Villalba fue puesto en arresto domiciliario por desacato. Las desavenencias e incluso los gritos, golpes e injurias entre los burócratas virreinales fueron moneda corriente.

Descendiendo en el organigrama novohispano, en el gobierno local la máxima autoridad era el alcalde mayor o corregidor. Pese a que en teoría su oficio no era vendible, terminaba pagando donativos o propinas a todos los implicados en su nombramiento. El salario siempre fue insuficiente y el funcionario tenía que financiar sus traslados de su propio bolsillo. Si necesitaba algún auxiliar, como un secretario, o material para ejercer su oficio, como papel, tinta o pluma, por ejemplo, debía pagarlo también. A su vez, el funcionario vendía los cargos subalternos, tal era el caso de los tenientes de alcalde, que fungían como sus representantes cuando se ausentaba, y quienes con frecuencia eran los que se encargaban del gobierno y la administración de justicia.

Las prácticas variaban según la riqueza y ubicación del pueblo, la disposición de los indígenas y la inventiva del funcionario. Para "recuperar" su inversión, había ciertos comportamientos tolerados, como la coerción mediante la cual el alcalde, asociado con un comerciante, obligaba a los indígenas a comprar sus productos a precios elevados, o a la inversa, forzaba a los indígenas a venderle exclusivamente a él la producción local de, por ejemplo, cacao, grana cochinilla, palo de tinte, etcétera. No era raro que el comerciante en cuestión intentara determinar la elección del teniente general para así favorecer sus propios intereses.

En la fiesta de Corpus Christi, sucedió que el virrey conde de Alba de Liste pretendió retirar a los miembros del cabildo de Catedral para poner a seis de sus pajes con antorchas. Se le explicó que esa no era la costumbre en estas tierras, pero el virrey se empecinó y la gresca terminó en jalones, gritos e insultos, y el Santísimo, como aquella vez del pleito entre las órdenes mendicantes, estuvo a punto de caer al suelo.

El virrey ordenó que los oidores se fueran a Palacio a deliberar qué debía resolverse. La procesión quedó detenida con toda la gente que había acudido a venerar la sangre y el cuerpo de Cristo. Finalmente, el cabildo tuvo que doblegarse, el virrey se salió con la suya y sus pajes custodiaron al Santísimo. Pero la procesión se había casi disuelto porque, después de horas de pleito y deliberación, la gran mayoría de la gente ya se había ido a su casa.

En otra ocasión, un regidor de la Ciudad de México agarró a "mojicones", o sea a puñetazos y cintarazos, a un alguacil de la Real Hacienda, que quería llevarse a un esclavo suyo por deudas al fisco. No conforme con eso, permitió que otro esclavo también de su propiedad atacara al alguacil con una espada, descalabrándolo. El alguacil corrió a la Real Audiencia dando de gritos, por lo cual fue necesario que el hermano del agresor se hiciera cargo del asunto, al pedir a la Real Audiencia que recusaran al alguacil, es decir, que se escogiera a otro funcionario por dudar de la imparcialidad del agredido.

Asimismo, en Teposcolula, el alcalde Martín Cortés (ningún parentesco con el conquistador) fue inhabilitado 10 años para desempeñar su oficio por haber agarrado a golpes y empujones al franciscano fray Francisco Pérez. No sobra repetir que los desacuerdos, insultos, palos e incluso homicidios eran bastante frecuentes entre los burócratas novohispanos.

LA ESPERANZA DEL PERDÓN
ALIENTA AL PILLO Y AL LADRÓN

Cada ciudad o villa debía tener una cárcel para "guardar" a los presos. El encierro no era el castigo en sí mismo, sino parte del proceso de resguardar al acusado hasta que recibiera sentencia. La pena de cárcel perpetua no existía, ya que resultaba muy cara la manutención de los presos de por vida. Esto se debía a que los penales, como la Cárcel de Corte, se sostenían de las limosnas y en la Inquisición los costos del proceso debían ser cubiertos por el acusado.

En los siglos XVI y XVII, existían en la Ciudad de México la cárcel de la ciudad, que dependía del Ayuntamiento; la Cárcel de Corte, a cargo de la Real Sala del Crimen, y las cárceles inquisitoriales. A principios del siglo XVIII se estableció la cárcel de la Acordada, de corta duración e infame memoria, como se verá más adelante.

La cárcel pública o del cabildo, es decir, la de la ciudad, estuvo en un principio en las llamadas Atarazanas, construidas para alojar a los bergantines con los que Hernán Cortés asedió y derrotó a la capital mexica. Se sabe poco de dichas cárceles, ya que gran parte de las fuentes se quemaron en el motín de 1692. Pero sabemos que con frecuencia se encontraban en un estado lamentable y ruinoso. Se intentó hacerles diversas y costosas reparaciones que además llevaron muchísimo tiempo en concretarse.

Por otra parte, la Cárcel de Corte, que como ya mencioné estaba dentro del mismo palacio virreinal, servía para recluir tanto a delincuentes comunes como a personajes encumbrados de la sociedad, como el malvado conquistador Nuño de Guzmán, quien después de sus desmanes y tropelías por las regiones recién conquistadas fue a dar con sus huesos en un calabozo esperando embarcarse hacia España para ser enjuiciado. Además, la pena debía cumplirse aunque el criminal muriera en el encierro. Sucedió que un portugués asesinó a un alguacil en Iztapalapa y fue encerrado en la Cárcel de Corte en espera de su proceso y sentencia. Alegó sentirse mal para ser enviado a la enfermería y un domingo, estando todos los presos en misa, se ahorcó. Como el suicidio era delito y pecado mortal, se pidió permiso al alcalde para ejecutar la sentencia. A las 11 de la mañana pusieron su cadáver en una bestia de albarda, con un indio que lo detuviera. Lo pasearon por la calle del Reloj y del Arzobispado, en compañía de un pregonero con trompeta, y por último lo llevaron a la horca pública donde lo ajusticiaron. Los niños le pintaban cruces y apedrearon el cadáver durante mucho tiempo después de ahorcado. Finalmente fue arrojado a la albarrada, pues no merecía cristiana sepultura.

Desde finales del siglo XVI, las autoridades alertaban sobre la numerosa población de vagabundos, ociosos, malentretenidos, ladrones y pordioseros que deambulaban por calles y plazas. Conforme avanzó el siglo XVII, la población depauperada también creció de manera exponencial. A principios del siglo XVIII, se calcula que de una población total de seis millones de habitantes en Nueva España, dos millones y medio vivían en algún tipo de indigencia.

Los oidores y el virrey llegaron a proponer que, a los holgazanes y delincuentes inveterados, además de la consabida pena de azotes, se les marcara con hierro los brazos y cachetes y que, en caso de reincidir, se les cortaran las orejas. La Corona no aprobó esa medida tan draconiana, pero la actitud de las autoridades da cuenta de las medidas extremas que estaban dispuestos a tomar para evitar el deterioro y el avance inexorable de la delincuencia.

Algunos eran condenados a servir en los presidios de frontera o en Filipinas, destino por demás temido y al que se enviaba a los reos sentenciados por delitos más graves. De igual manera se les remitía a Pansacola, en La Florida, asediada constantemente por nativos e ingleses.

En otra ocasión, un par de soldados asaltaron a unos indígenas que iban por la calzada de La Piedad, a las afueras de la Ciudad de México. Uno de los indios, arrodillado, les suplicó que le dieran cuatro pesos para regresarse a su pueblo, pero el soldado y su cómplice lo apuñalaron. Otros indígenas al ver semejante atropello los persiguieron, pero ambos se lanzaron al lago. Uno logró escapar al hospital, pero el otro no corrió con tanta suerte y fue amarrado al cadáver del indio. El auditor de guerra lo metió preso y lo sentenció a morir fusilado. Al día siguiente fue escoltado por un piquete de soldados y dos sacerdotes. Le vendaron los ojos y, amarrado a un palo, lo ejecutaron con dos tiros en las sienes y tres en el pecho.

Los ladrones comunes que pululaban por las calles, llamados *arrebatacapas* y *rajabolsas*, aprovechaban las aglomeraciones en plazas, mercados e incluso oficios religiosos para desvalijar a sus víctimas. También había los que "destechaban" casas para robarlas. Luego iban al mercado del Baratillo, de pésima fama porque vendía productos de dudosa procedencia para colocar la mercancía sustraída. Las autoridades intentaron en varias ocasiones reubicar el mercado o de preferencia desaparecerlo, pero no fue posible. Terminaron por instalarlo de forma "provisional" en las afueras de la Ciudad de México, en lo que actualmente es el barrio de Tepito.

Otros criminales recibían apelativos según su especialidad delictiva: ladrón ganzuero, ladrón escalador, ladrón macuteno o ladrón abigeo. El robo se penaba con la vida. Fue el caso de un mulato enfermero al que ahorcaron por robarse los candeleros del convento de San Agustín. El robo de costosos objetos de plata era bastante frecuente.

El maestro Bernardo Moreno, de oficio platero, junto con un fulano llamado Grillo, abría con ganzúa los portones de las iglesias y fundía los copones, candelabros y bandejas robados hasta que Grillo fue sorprendido con un costal lleno de piezas sustraídas de las iglesias de San Juan y de Santa Clara.

Las complicidades no distinguían castas. Así fue descubierta una red de ladrones en la que un poblano octogenario, un muchacho mestizo, un indio, una india pulquera y un chino anciano trabajaban en conjunto para perpetrar robos a casas. El anciano fungía como halcón, el muchacho robaba, el indio destechaba las casas aserrando una viga que le servía para descolgarse y por ahí mismo sacar la mercancía. Mientras que la pulquera y el chino encubrían los robos. Al viejo poblano, al muchacho mestizo y al indio los ahocaron, pero al anciano antes le aplicaron tormento y le rompieron ambos brazos. La india y el chino fueron vendidos para trabajar en un obraje durante seis años, después de recibir una pena de 200 azotes.

Los homicidas, como un mulato "amestizado" conocido como *el Tecomate*, eran ahorcados y la cabeza cercenada se ponía en la horca y la mano, en el lugar del crimen. *El Tecomate* había dado muerte a una mujer obrajera, así que le cortaron la mano y esta fue colocada en dicho obraje.

Es cierto que una gran parte de la población vivía en condiciones muy precarias y amanecía sin saber si aquel día podría llevarse algo de comer a la boca. Como la caridad, una de las virtudes teologales, era un valor muy importante en aquella sociedad y se promovía la limosna como medio para recibir el perdón y el acceso al cielo, la mendicidad era una actividad muy frecuente en ciudades y villas. A esta se dedicaban no solo los inválidos, como ciegos o tullidos, sino niños huérfanos o abandonados, viudas y ancianos. Y con ella se camuflaban también holgazanes, disfrazados de falsos minusválidos, al más puro estilo de la Corte de los Milagros.

Como la justicia no era particularmente expedita, después de cierto tiempo de encierro se tomaba "a cuenta", como parte de la condena y el reo salía libre. Las leyes advertían sobre la obligación de las autoridades carcelarias de no maltratar a los presos, aunque, como en todo, las arbitrariedades sucedían.

En una ocasión un alcalde intentó aprehender a un mulato, quien se defendió con dos cuchilladas que le rasgaron la garnacha al alcalde. El mulato huyó a un hospital que, como era de la Iglesia, tenía inmunidad a la justicia. Pese a ello lo sacaron de ahí, lo llevaron a la cárcel y, después de un proceso muy rápido, lo sentenciaron a la horca. El juez ordinario defendió la inmunidad que debió aplicarse al mulato, sin embargo, en la madrugada le dieron la pena de garrote y amaneció en la horca. Las autoridades excomulgaron al alcalde por haberles dado "madruguete", pero después de una apelación este fue absuelto.

En alguna ocasión un hombre pidió que llevaran a su hijo a trabajar a Filipinas, destino por demás temido, "por avieso y malo", pero los alcaldes de Corte no lo tomaron en cuenta. Años después, el hijo, dedicado al bandidaje, fue aprehendido y sentenciado a la horca. Su padre intentó salvarlo mediante el pago de mil pesos. Asumió también el costo de remitir al hijo y a otro soldado más a Filipinas, mas no logró salvarlo.

Uno de los más graves delitos que persiguió la justicia civil en su ramo criminal fue el de la sodomía, las relaciones sexuales entre dos hombres. En la teología cristiana la sodomía es uno de los peores pecados de lujuria. A pesar de ello, no era competencia del Santo Oficio juzgar dicho delito, considerado abominable, execrable y vergonzoso, sino de la justicia ordinaria. Uno de los procesos por el escandaloso delito, que culminó con la muerte en la hoguera de 14 hombres, fue el que se siguió contra el mulato Juan Galindo de la Vega, quien se hacía llamar Cotita de la Encarnación. Sabía bordar muy bien, echaba tortillas en el comal y se cubría la cabeza con pañitos, actitudes que eran consideradas propias y exclusivas del género femenino. Cuando se interrogó a los implicados, salieron los nombres de hasta 100 hombres de todas las extracciones sociales: españoles, negros, mulatos, mestizos e indios. Los culpables que no lograron escapar fueron paseados por las calles de la ciudad y llevados al quemadero de San Lázaro (que era el de la justicia civil) para morir mediante la pena de garrote y después ser quemados en la hoguera.

El delito más grave era el de *lesa majestad*, es decir, cualquiera perpetrado contra el rey o su personificación. En una ocasión, cuando el virrey duque de Albuquerque rezaba como cada tarde en la capilla de las Angustias en Catedral, un joven soldado madrileño lo atacó con su espada. Varios hombres lograron detener al agresor y llevarlo preso. Se le formó proceso rápidamente, se le aplicó el tormento y lo ahorcaron. Sería arrastrado luego por las calles de la ciudad y se le cortarían la mano y la cabeza para ser exhibidas en el lugar del crimen. Después de decapitarlo y colocar la cabeza y la mano cercenada en la horca, además de la espada en la ventana de una de las capillas, lo colgaron de los pies y ahí lo dejaron ocho días. Este castigo que ahora nos parecería terrible se enraizaba en una antigua tradición que se remonta a la Edad Media y que se aplicaba en varios países de Europa, como Francia y España.

En cambio, las penas que recibían los indígenas por lo general eran la horca y en casos leves los azotes. Pero a decir del viajero carmelita fray Isidro de la Asunción, contrario a la vergüenza y contrición que debían mostrar, los indígenas volvían muy ufanos a sus barrios después de ser paseados con pregonero y azotados públicamente. Y se vanagloriaban repitiendo con orgullo que habían sido flagelados por el virrey con todo y trompeta.

En cuanto a las cárceles inquisitoriales, a diferencia de las anteriores, las celdas eran individuales para mantener aislado al reo en la duda y la zozobra, sin saber quién o por qué lo habían denunciado. Sin embargo, se procuraba ponerle al preso algún compañero que fingiera amistad, para que le sacara toda la información posible sobre las fechorías cometidas.

Diariamente se asignaban dos reales que los presos podían gastar en comida, alguna frazada o camisa, o en la visita del barbero para que les sacara una muela o les cortara el pelo y la barba, o del médico, en caso de enfermedad, o en golosinas, como nueces o pasitas. Al final del proceso se sumaba lo gastado y el sentenciado debía pagar el costo total. Si era esclavo y por lo tanto no tenía dinero, era vendido. De la venta se cubrían los gastos y el sobrante se entregaba al dueño. En caso de no tener dinero para cubrir el costo, el reo era depositado para laborar en un obraje y solamente se le devolvía la libertad en caso de exhibir el pago o un documento que amparara el mismo. La prisión perpetua en el Santo Oficio tampoco era una opción, pues el tribunal siempre se encontró en francas penurias financieras y con mucha frecuencia los calabozos estaban inundados, en un estado francamente lamentable o vacíos durante años, situación que el alcalde aprovechó para rentar las celdas ilegalmente, como si fuera una vecindad, a prostitutas y maleantes.

En el siglo XVII, ante la alarmante e imparable ola de asaltos y asesinatos en los caminos que con lastimosa frecuencia se encontraban desiertos, las autoridades buscaron diversas soluciones, como castigos ejemplares, cuadrillas de trabajadores que patrullaran los caminos, etcétera. Pero fue hasta el siglo XVIII que se hizo impostergable el establecimiento del tribunal y la cárcel de la Acordada, la llamaban así por desprenderse de la decisión del Real Acuerdo (es decir, del virrey y la Audiencia).

Los salteadores de caminos rondaban principalmente a las recuas y transportes que iban de la Ciudad de México a Veracruz y viceversa. Para combatir a los delincuentes se instalaron cuarteles en los lugares que habían sido guarida de bandidos, con 21 hombres para proteger y escoltar a los viajeros por las rutas más peligrosas. Los principales delitos que perseguía la Acordada eran el latrocinio y el robo de ganado. En menor medida, el homicidio. Las sentencias variaban entre la pena de muerte en la horca y los trabajos forzados, ya fuera en galeras, presidios o en los lugares de frontera. En el mejor de los casos, podía purgarse la condena sirviendo en hospitales. En realidad, aunque muchos bandidos fuesen sentenciados a la horca, eran pocos los que la cumplían.

Los procedimientos de los jueces de la Acordada eran sumarios y no formales, a pesar de que las demás autoridades virreinales intentaron frenar el poder ilimitado y la administración de justicia arbitraria sin un debido proceso. La Real Sala del Crimen resentía la libertad de actuación del tribunal, la invasión de los asuntos que consideraba de su competencia y el traslape de jurisdicciones, problema común a la burocracia imperial. La intemperancia e iniquidad de los funcionarios de la Acordada en su trato con los presos ocasionó diversas presiones de las autoridades, que resentían la falta de formalidad para llevar a cabo los procesos. Por ejemplo: los presos ingresados eran cuidadosamente registrados y aislados hasta que se les tomara declaración. Durante todo el juicio y hasta la sentencia, se les prohibía la comunicación con parientes y amigos (tal y como se hacía en los procesos inquisitoriales). Incluso un juez, Jacinto Martínez de la Concha, empleó guardias que desconocieran cualquier lengua indígena o tuvieran algún vínculo social con indígenas, para que no hubiera posibilidad alguna de entendimiento entre presos y carceleros. No obstante, con el paso del tiempo, en un afán por limitar tales arbitrariedades, se permitió que los acusados al menos recibieran sentencia en presencia de un asesor y un secretario. Pero la vida de este tribunal y sus cárceles fue corta si se compara con la de otras prisiones. Al estallar la guerra de Independencia, las autoridades decidieron que era mejor asignar el dinero del tribunal a tropas que sofocaran la insurrección y finalmente la cárcel fue convertida en almacén de tabaco.

Por su parte, los religiosos estaban sujetos a la autoridad eclesiástica y tenían fuero, y por lo tanto no eran enviados a las cárceles ordinarias. Si cometían algún delito, se les castigaba en privado, dentro de su comunidad para evitar el escándalo y el rumor público, pues eran considerados personas de respeto y ejemplo a seguir. Así sucedió en el homicidio del agustino Rodrigo González, asesinado por dos hermanos también agustinos: su asistente y un enfermero.

Al descubrirse el crimen, los homicidas fueron apresados y sentenciados a recibir 200 azotes y a la humillante pena de comer tres días sentados en el piso pan y legumbres, advirtiendo a sus celadores que por ningún motivo se les diera carne. Posteriormente, los pasearon dentro del convento con un pregonero que gritaba sus delitos, mientras los volvían a azotar para después emparedarlos. Todo esto a la espera de que las autoridades decidieran qué hacer con ellos. El emparedamiento era el encierro en un cuarto sin ventanas ni comunicación con persona alguna, en estricto aislamiento por el resto de la vida, en la mayoría de los casos.

Los obrajes de oscura y vergonzosa fama, principalmente pequeños centros textiles para la producción de bayetas y telas de uso más popular, funcionaron también como centros de encierro. Los obrajeros o dueños compraban a la justicia a hombres y mujeres (en su mayoría indígenas, aunque también los hubo negros, mulatos y mestizos) que habían cometido algún delito para que mediante el trabajo forzado purgaran su condena. Esta dinámica suscitó una serie de abusos que nunca pudieron ser erradicados a pesar de la insistencia de las leyes, porque intentaban frenar las prácticas de arbitrariedad y esclavitud que tales lugares perpetuaban.

A pesar de que se ordenaba que los obrajes tuvieran sus puertas abiertas para que quienes ahí trabajaban pudieran entrar y salir, en realidad se convirtieron en cárceles en las que el indio, endeudado por los insumos que forzosamente debía comprar al obrajero, terminaba sirviendo muchos años, aun después de terminar su condena.

Aquellos lugares insalubres y de hacinamiento aglomeraban a mestizos, negros, mulatos e indígenas mal alimentados y peor tratados, que dormían en el piso sobre un petate por lecho, junto a las herramientas y telares, en el mismo lugar en que laboraban el día entero.

De tanto en tanto, el virrey, para festejar algún suceso, como el nacimiento de un heredero, y al mismo tiempo mostrar su magnanimidad (gesto siempre encomiable en los gobernantes de aquel tiempo) enviaba algún indulto para los presos que no tuvieran una demanda en curso. Esto con la finalidad de que fueran liberados. Razón por la cual, a decir de los coetáneos, una muchedumbre de "gentes de mal vivir" deambulaba por las calles.

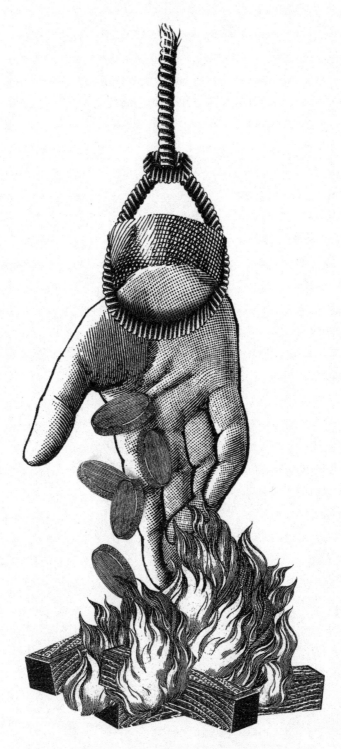

TERCERA PARTE

Los hábitos, las vivencias y los rituales de lo cotidiano

COMPRAR Y VENDER,
BUEN CAMINO PARA ENRIQUECER

Las grandes fortunas amasadas durante el periodo virreinal provenían principalmente de las esferas del comercio y la minería. Como la Corona no tenía los medios para explotar las minas, cualquiera que encontrara una veta podía explotarla siempre y cuando pagara una parte de los ingresos a la dignidad real. Esto se sumaba al quinto real, un gravamen del 20% sobre las barras de plata que se transportaban a la Ciudad de México para su acuñación en moneda. Posteriormente, dicho tributo minero se redujo a 10% y fue nombrado diezmo, como el eclesiástico, aunque el reajuste solo aplicó para quienes eran dueños de minas y trataban con la plata procesada por ellos mismos.

Para encontrar yacimientos metalíferos, los buscadores de minas se basaban principalmente en la vista, el olfato y el gusto. A pesar de ser un conocimiento empírico, fue refinándose de manera que se convirtió en un saber complejo y fascinante.

Como la plata se encontraba en forma de compuestos era necesario aprender a distinguir los colores típicos, como el aherrumbrado, producto de la oxidación. Posteriormente, si de alguna hendidura en la tierra provenía un marcado olor a azufre o alumbre, entonces podía tenerse la certeza de estar próximos a una veta muy rica. Por último, había que llevarse las piedras a la boca para "probar" su sabor: salado, nitroso, aluminoso o sulfuroso, entre otros.

Pero las fortunas milagrosas de la noche a la mañana no existieron más que en la imaginación de los mineros, ya que en realidad no solo se trataba de encontrar una veta, sino de tener una hacienda, trabajadores suficientes y herramienta para sostener el proceso de extracción y tratamiento de los metales. Mantener una mina era muy costoso. Los pequeños propietarios tuvieron que ir cediendo ante los grandes mineros que paulatinamente acapararon los yacimientos más ricos y que amasaron fortunas gigantescas, como la del célebre fundador del Monte de Piedad, Pedro Romero de Terreros, o la del conde de San Mateo de Valparaíso. No obstante, era posible encontrar pequeños propietarios, como el caso de un mulato minero cuyos despilfarros y conducta escandalosa da cuenta de aquellos personajes variopintos, no tan escasos en el mundo de la minería como podríamos suponer.

El mulato en cuestión (no sabemos su nombre) había descubierto una mina en el cerro de Mari Sánchez, cerca de Guanajuato. Junto con otros dos hombres, y en unas cuantas semanas, había sacado la nada despreciable cantidad de 40 mil pesos. Como el hombre vivía ebrio, otro mulato que era su criado lo acompañaba y se lo echaba al hombro cuando la borrachera le impedía caminar. Entre sus extravagancias, invitaba a todos los trabajadores de la mina (que alcanzaban los mil, según testigos) a comer y beber sin tregua. Se reunían en un cerro y se sentaban en el suelo como los indígenas. Algunos estaban en tal estado de ebriedad que debían amarrarlos a los árboles para que no rodaran cuesta abajo, pues pasaban la noche a cielo abierto. Asimismo, el dadivoso hombre compraba pan, vino, pulque y frutas a precios exorbitantes y pagaba a 10 mujeres solo para que diariamente elaboraran las tortillas para él y su séquito de gorrones. Además, costeaba a ocho músicos para que tocaran flautas, violines y vihuelas todo el día. Si por alguna razón se callaban, les advertía: "Toquen, que para eso los mantengo". Traía una talega atada a la cintura con dinero y un machete y, por aquel despilfarro, perdió todas las ganancias. Cuando al cabo de un mes la mina se agotó, el mulato, que tenía a su mujer e hijos en el abandono, quedó tan pobre como antes de descubrir la dichosa veta.

Los barreteros, pepenadores u operarios que trabajaban en el yacimiento recibían algunas veces una buena paga el sábado, que era día de raya. Este sueldo, a decir de los coetáneos, solían gastarlo en objetos suntuosos y superfluos, como terciopelos y encajes que valían decenas de pesos. Mismas ropas que luego malbarataban el lunes siguiente por cuatro reales, pues no tenían para comer, y se veían forzados a bajar a las minas semidesnudos. Otros, descendían por los tiros a trabajar en los socavones con sus mejores galas: camisas de Holanda, casacas de tisú, calzones de terciopelo y franjones de oro. Sin embargo, al calor del trabajo, tiznados, sudorosos e incómodos, terminaban arrancándose después las mangas y los encajes que tan caros les habían costado.

Asimismo, era frecuente el abandono de las minas por inundaciones, derrumbes, escasez de herramientas y por supuesto, de capital.

Uno de los grandes problemas a los que se enfrentaron las autoridades virreinales fue que, desde finales del siglo XVI, el fraude en el comercio de la plata cundió en los territorios de la América hispánica. Para ahorrarse el quinto real o el diezmo, los mineros pagaban con plata sin ensayar, con lo cual perdían quizás un poco en la transacción, pero ganaban al evitar la carga fiscal. Negociaban usando lingotes, "piñas", barretones y pasta, que se comerciaban al peso, por lo que se ahorraban el tributo. Aunque la Corona intentó evitar ese tipo de prácticas fraudulentas y se emitieron diversas leyes con severas penas, como fuertes multas, pérdida de bienes e incluso de muerte, estas se mantuvieron y se contrabandearon grandes cantidades de plata a los Países Bajos.

Era frecuente que el metal fuera escondido entre paja, como sucedió con los cajones de herraje y chocolate que transportaba el arriero Juan Serrano. Gracias a un aviso (ahora lo llamaríamos *pitazo*) que le dieron al virrey sobre 10 mil pesos de plata en barras que Serrano pretendía enviar a Veracruz, el arriero fue descubierto, aprehendido y condenado a tormento para que dijera de quién era la plata. Como en tantos otros casos, libró el tormento y salió libre bajo fianza.

No corrió con tanta suerte un joven gaditano, que fue descubierto "cercenando" pesos, es decir, limando monedas para sacarles polvo de plata, práctica muy común desde la Edad Media; en ese entonces se les llamaba *roedores* de plata. Pese a que un amigo suyo ofreció una compensación de mil pesos para las arcas reales, una suma nada desdeñable, ahorcaron al gaditano, y su joven cómplice de 16 años fue sentenciado a las galeras en la nao de Manila, también un destino terrible.

Para las monedas de plata fuerte cada peso valía ocho reales, había monedas de uno, dos, tres y cuatro reales (no se usaba el sistema métrico decimal, sino el octaval) y no eran de uso corriente en las pequeñas transacciones cotidianas. La gente en el mercado o en la compraventa al menudeo no tenía tan fácil acceso a dicha divisa, por lo cual se utilizaban otras formas de pago, como el cacao (que se empleaba como moneda de cambio desde la época prehispánica), el tlaco o incluso el trueque. En los primeros años del virreinato se recurrió a pequeñas monedas de cobre, pero después salieron de circulación, ya que la población no las aceptó. Durante el periodo del primer virrey Antonio de Mendoza, los indígenas las lanzaban al lago, por lo que desde mediados del siglo XVI la moneda de cobre, conocida como vellón, dejó de acuñarse y de circular.

La moneda fraccionaria era de medio real, había también de un cuarto de real (cuartillo), el tlaco que equivalía a un octavo de real y el pilón, a un dieciseisavo. El pilón era prácticamente un regalo por su escaso valor. Estas monedas podían ser de cuero, cartón, hueso, vidrio o barro y se daban de cambio al recibir un real. Los "acuñaban" los comerciantes y mineros para subsanar la escasez de moneda fraccionaria. El problema era que con mucha frecuencia los comerciantes solo aceptaban los tlacos expedidos por ellos, o ante la imposibilidad de dar cambio, por falta de moneda corriente, los compradores quedaban sujetos a innumerables abusos.

Aquel era un mundo en el que era necesario comprar alimentos diariamente, no solo por razones de escasez, sino de almacenamiento. No había espacio para guardarlos y mucho menos refrigerarlos. Así que los sectores populares acudían a las llamadas *pulperías* a comprar algo de frijol, chile, vino u otros alimentos. También, adquirían carbón o velas para su consumo del día, no el de la semana y mucho menos el del mes. Esas pequeñas transacciones de la vida cotidiana no se llevaban a cabo con pesos de plata, pues no cualquiera tenía acceso a ellos.

La escasez de moneda corriente fue una constante, ya que casi toda la plata se enviaba a España. Una parte se utilizaba para pagar las mercancías, otra se exportaba por parte de particulares y una más se iba en el pago de cuantiosos impuestos.

El comercio, que fue muy intenso y una de las actividades más redituables durante el periodo virreinal, estaba controlado en España por los poderosos comerciantes sevillanos. Ellos tenían el monopolio de la venta de aceite de oliva y otros insumos. En Nueva España estaban fuera del negocio porque el consulado de comerciantes no les permitía el paso para mercar dentro de los territorios novohispanos.

Los mercaderes adquirían gran parte de la carga que traía la flota de Indias y la distribuían y enviaban en recuas de mulas a la Ciudad de México. Entre los objetos que se trasladaban desde España, se pueden contar botones, alfileres, cintas, estambres, tijeras, guantes, jabones, navajas e incluso guitarras.

A su vez, la producción de diversos artículos en Nueva España tenía mucha demanda en otros lugares de la América hispánica, como las sillas de montar de Tlaxcala, las botas de cuero, los sombreros, las jícaras para chocolate, además de las imágenes de santos (grandes para las iglesias y pequeñas para los altares domésticos), los muebles, el agua de rosas, los peines y cepillos de palo de rosa. O los colorantes como el añil, el palo de tinte y la grana cochinilla; rosarios, libros, e incluso artesanías indígenas fabricadas con plumas, un arte cuyo origen se remontaba a la época prehispánica.

En cuanto al comercio con Asia, como ya lo vimos, este se llevaba a cabo con la única colonia española: Filipinas. A pesar de que era un territorio muy reducido, en comparación con las Indias Occidentales, los españoles establecieron un centro urbano en Manila, muchos años después de la llegada de la maltrecha expedición de Magallanes y Elcano a dicho archipiélago.

Más de cuarenta años después, Andrés de Urdaneta encontró por fin la corriente marítima para realizar el tornaviaje a Nueva España, el cual era dificultoso y largo, pero permitió que en adelante el comercio con Filipinas funcionara de manera más regular. Así, en 1573 zarpó el primer galeón de Manila con destino a Acapulco, cargado de sedas chinas y 20 mil piezas de porcelana. Por lo general viajaban dos barcos que se hacían compañía en la navegación y debían prestarse auxilio en caso de peligro.

Las transacciones fueron muy redituables debido a que en Asia la plata tenía mayor valor que en Nueva España y la seda china a su vez era muy barata y generaba pingües ganancias a los comerciantes.

Pese a que en algunos periodos la Corona permitió el comercio entre Perú y Nueva España, el afán de control de salida y entrada de mercancías y las presiones de los comerciantes sevillanos, que no podían participar de dichos intercambios, se prohibió la venta de mercaderías asiáticas y productos novohispanos a Perú. Esto ocasionó de nuevo un importante incremento del contrabando en perjuicio de la Real Hacienda.

La recaudación de impuestos llevada a cabo por la Real Hacienda (precursora del Sistema de Administración Tributaria, SAT) estaba enfocada a las distintas exacciones. Entre estas se cuentan el tributo indígena, las alcabalas, que eran el impuesto sobre los productos que se vendían en las ferias y mercados, el situado y los monopolios de la Corona, llamados también *asientos*, como el de la pólvora, los esclavos, el azogue o mercurio, el tabaco y los naipes.

El asiento era una licencia expedida por la Corona española para un comerciante o grupo de comerciantes. Dichos asientos prohibían la producción de los materiales y mercancías antes mencionados en los territorios americanos.

En el caso de los mineros, estaban obligados a comprar el mercurio, insumo indispensable para la amalgamación y producción de la plata, y el resto de la gente o quien tuviera un arma debían adquirir a la Corona la pólvora utilizada para las municiones y los fuegos artificiales de las fiestas (a los novohispanos de todos los niveles sociales les encantaba la pirotecnia). A su vez, los esclavos, eran extraídos de África mediante negociaciones con tribus locales que vendían a sus enemigos a los mercaderes portugueses, quienes se encargaban de trasladarlos a América para su venta. Entre 1580 y 1640, años en que las coronas de España y Portugal estaban unidas de forma dinástica, el monopolio o asiento recayó en los portugueses y fue el periodo en el que se introdujo mayor número de cautivos en la América hispánica.

Tampoco podía producirse tabaco y este debía ser adquirido con los comerciantes autorizados. Era uno de los negocios más redituables, pues prácticamente todo el mundo fumaba, sobre todo las mujeres, que lo hacían como chacuacos, a decir de algunos escandalizados moralistas de la época. Hay quien atribuye a los mexicanos el invento del cigarro envuelto en papel de arroz procedente de China.

Por último, los naipes debían adquirirse con ciertos distribuidores. Era un juego muy habitual, extendido en amplios sectores de la población: desde los marineros en los barcos, hasta las señoritas de alta sociedad, pasando por Hernán Cortés y sus hombres, los criados y esclavos, incluso los religiosos, aunque no fuera lo idóneo.

El *situado* era una contribución que consistía en ayudar a sostener los territorios americanos más desfavorecidos de la monarquía hispánica. Dicha obligación recaía principalmente en Nueva España y en menor medida en Perú. Debían enviar plata a La Habana, Bogotá, Santo Domingo y Filipinas. Es decir, la Corona española no invertía dinero alguno, sino que los virreinatos debían ser autosuficientes y además sostener a algunas capitanías, por lo que enviaban enormes cantidades de plata a la metrópoli.

Los sistemas de recaudación de impuestos no fueron realmente eficientes hasta el siglo XVIII, cuando se implantaron diversas reformas y se introdujo la burocracia especializada. Esto se tradujo en una contribución más rápida, efectiva y sustancial, que se materializó en millones de pesos recaudados. Dinero que financió las guerras europeas entre España, Francia e Inglaterra.

SIN OFICIO NI BENEFICIO

Si bien se importaron esclavos de África para subsanar la pérdida de mano de obra nativa, el grueso de la producción de diversas manufacturas y del campo recayó en los indígenas, que durante todo el periodo fueron la población mayoritaria.

Con la llegada de los españoles y la imposición del nuevo orden, poco a poco se desarrollaron diversos oficios que no existían antes de la conquista y que buscaban cubrir las necesidades de la creciente población española y mestiza. Carreteros, sederos, gorreros, zapateros, doradores, sastres, herreros, boticarios, barberos, azulejeros, molineros, panaderos, curtidores, maestros de obra, escultores, relojeros, arquitectos, fundidores, joyeros, polvoristas, cantantes de iglesia, cinceladores, vaqueros, libreros, impresores y hasta coconeteros fabricantes de muñecos de barro (*cocone* proviene del náhuatl y significa "niño") entre muchos otros. Aunque para la mayoría de dichos oficios se pedía la comprobación de limpieza de sangre judía, musulmana o negra, la escasez de personal provocó que se otorgaran permisos especiales o excepciones. En algunos casos, como fue el de los doradores, silleros, pintores y vaqueros, se admitieron a negros y mulatos entre sus filas. Muy pronto, en los años inmediatos a la conquista, los frailes enseñaron a los indígenas distintos oficios, a la manera de los artesanos españoles y flamencos, como la joyería, la orfebrería y la herrería, por mencionar solo algunos.

Al amparo de la ley, dichos gremios se organizaron y establecieron ordenanzas: controlaron y acapararon el mercado de trabajo y protegieron a sus agremiados. Así, mediante estrictas normas, determinaban la cantidad de trabajadores, la materia prima, los utensilios, las técnicas, formas y tamaños, además de los precios de sus manufacturas. Para acceder al título de maestro en alguno de los oficios antes mencionados, era necesario pasar entre cuatro y cinco años en el taller como aprendiz, y llevar a cabo las faenas más pesadas sin recibir sueldo alguno. Con frecuencia, eran niños que ingresaban a los 11 o 12 años por orden de sus padres. Estos esperaban que asimilaran el oficio y que posteriormente pudieran acceder al puesto de oficial. Lo último les daba la ventaja de recibir un sueldo y les abría la posibilidad de trabajar en cualquier taller del gremio aun en otra ciudad. Para obtener el título de maestro era indispensable presentar un examen en el que debían elaborar diversos objetos, que autentificaran los conocimientos adquiridos durante sus años como aprendices. Por ejemplo, Simón Pérez Maldonado tuvo que fabricar frente a los veedores (examinadores) del oficio de carpintero un escritorio, un bufete, un púlpito de friso ochavado y una silla "bien y perfectamente acabada". Respondió además una serie de preguntas sobre la materia. Simón demostró ser hábil y suficiente como para tener su propia tienda con oficiales y aprendices a su cargo.

A los sederos, para obtener el título de maestro, se les exigía demostrar su pericia en la hechura de un bolsón de seis cuartos, guarnecidos con trenzas y bellotas, franjón ancho y otro angosto, y con cordones de dalmáticas. También debían elaborar un sombrero de mujer de terciopelo con trenza ojeteada al canto, y un pedazo de paño cortado en triángulo, junto con un sombrero de tafetán de hombre, entre otras monerías. A los jubeteros y calceteros, por ejemplo, se les exigía que en el examen enumeraran los distintos tipos de lino, sedas, telas en general y sus usos. Enseguida debían explicar cómo se medían y cortaban, y describir asimismo las diferentes prendas de mujer, como la basquiña, el faldellín, el refajo, la ropa de levantar, el damasco, la sotana con manteo o la media sotana de paño. Entre muchas otras. Los candidatos pormenorizaban la fabricación de prendas específicas y demostraban saber cortar y coser para recibir el título. A los maestros titulados se les prohibía comprar mercancías fabricadas por oficiales o aprendices para revenderlas.

Aunque la legislación era muy rígida e intentaba acaparar el control de las manufacturas, en la realidad hubo artesanos libres, negros o mulatos que observaban a sus amos y aprendían los secretos del oficio para después desempeñarlo. Algunos mercaderes compraban piezas para revenderlas en lugares remotos lejos del ojo vigilante de las autoridades.

Cada gremio pertenecía a una cofradía, asociaciones de feligreses que se congregaban para fomentar el culto a algún santo patrono o advocación mariana. Las cofradías también fungían como un servicio social, ya que ayudaban a sus miembros a cubrir los gastos producidos por enfermedades, entierros, etcétera. Por lo general los integrantes eran de una misma casta o calidad social, como los españoles que se agrupaban bajo la protección de la Santa Veracruz o la Inmaculada Concepción, o los negros y mulatos que se congregaban bajo el amparo de San Roque o San Benito de Palermo. Mientras que Nuestra Señora de la Soledad, cuidaba de los indios. Las cofradías se organizaron en torno a los diversos oficios y conforme avanzó el siglo fueron convirtiéndose en verdaderas instituciones de crédito que otorgaban préstamos a los agremiados. Tan solo en la Ciudad de México llegó a haber hasta 200 cofradías.

¿SABIO SOIS? POBRE MORIRÉIS

En cuanto se establecieron las primeras familias en la naciente Nueva España, se hizo necesario atender la instrucción de los niños con las llamadas escuelas de primeras letras. La opción de llevar a los pequeños a colegios privados con maestros particulares fue un fenómeno de las ciudades españolas, ya que en los pueblos de indios eso no existía. Poco a poco este tipo de enseñanza se fue reglamentando, pues en un inicio varios maestros pidieron anticipos para enseñar a los niños, sin embargo, se ausentaron sin haber cumplido con sus obligaciones. De esta manera, solo un maestro en el siglo XVI acudió al Ayuntamiento de la Ciudad de México para pedir el refrendo de su título.

A los maestros se les solicitaba limpieza de sangre y saber leer y escribir, pero con el tiempo mulatos, mestizos y negros se encargaron de instruir a muchos de los niños, por lo que dicha pureza no siempre fue posible. Asimismo, debían pagar y acreditar un examen o presentar una constancia de haberlo aprobado. Como la única instancia autorizada para expedir dichas licencias era el cabildo de la capital, eso sirvió como pretexto para que muchos maestros alegaran vivir muy alejados para emprender el viaje. Sumado a esto, pretextaban las dificultades y costos del traslado a la cabeza del virreinato (y de paso se ahorraban los ducados que costaba el derecho a presentar la evaluación).

Como los clérigos eran considerados personas de honorabilidad y respeto, con frecuencia se les encomendaba la educación de los hijos. Amparados en su fuero eclesiástico se negaban a someterse al examen de acreditación, aun cuando las autoridades insistieran en que no se hicieran excepciones para ningún maestro. Se les pedía que no delegaran su obligación en ningún sustituto ni que tuvieran tienda de frutas o legumbres ni vendieran ninguna mercancía en el local designado para la enseñanza, lo cual revela que la diversificación de los emprendimientos para obtener mayores ganancias era común.

Las maestras o *amigas*, como se les llamaba a quienes se encargaban de la educación de los más pequeños, no necesitaban acreditar ningún conocimiento especial, solo solicitar en el Ayuntamiento de la Ciudad de México la licencia para ejercer el oficio. Por lo general recibían niños de tres a siete años y niñas de tres a 12. Para la mayoría de las pequeñas era la única posibilidad de recibir algún tipo de instrucción que terminaba alrededor de los 10 años. Después esperaban "tomar estado" (contraer matrimonio o profesar en el convento). Solo se les enseñaban el catecismo y buenos modales, pero no a leer ni a escribir.

Posteriormente las ordenanzas les prohibieron a las amigas recibir niños para enseñarles a leer. Aunque con frecuencia esta práctica se mantuvo castigada y debía ser punible, en la realidad era tolerada. Para muchas mujeres pobres tener a algunos niños del vecindario a su cargo al menos por unas horas era la única manera de poder sostenerse económicamente. Sin embargo, a decir de los maestros, más que enseñarles, lo que hacían dichas amigas era "desasnarlos", nada más.

Las escuelas debían estar a una distancia de dos cuadras una de otra para evitar la competencia y los conflictos. Hacia la segunda mitad del siglo XVII, Puebla tenía 32 escuelas (número bastante grande, aunque las autoridades registraron que hacía por lo menos 20 años que no se examinaba a ningún maestro).

Los colegios de niñas, más que escuelas, eran una suerte de internados, fundaciones piadosas que se sostenían de limosnas y que resguardaban a pequeñas huérfanas para cuidarlas en lo que "tomaban estado", es decir, se casaban o ingresaban al convento, como ya se mencionó. En esos mismos recintos que mantenían becarias, se recibían a niñas de familias adineradas que pagaban su manutención. El primer colegio novohispano de mujeres fue el de la Caridad en la Ciudad de México, fundado 20 años después de la caída de Tenochtitlan. En un principio se estableció para huérfanas mestizas. Posteriormente fue haciéndose cada vez más elitista, hasta que a finales del periodo virreinal se solicitaba el certificado de limpieza de sangre y las internas tenían sus propias criadas y esclavas para atenderlas. Sin embargo, el colegio siguió propugnando los ideales de honestidad, vida piadosa y laboriosidad que se exigían a las mujeres. A las españolas huérfanas y pobres que vivían en el colegio, se les asignó una dote de 500 pesos para que pudieran contraer matrimonio. Las que desearan ingresar al convento debían aprender a cantar o a tocar algún instrumento. Eso les serviría para sustituir la dote requerida en la profesión de votos.

Se les enseñaba a coser, tejer, bordar, hilar lino y lana, además de la doctrina o catecismo, el cual debían repetir en voz alta. No se menciona en ningún documento la necesidad de enseñarles a leer y escribir. Dicho colegio fue modelo para otros, como el de Catalina de Siena en Guadalajara o el de Jesús María en Puebla.

Conforme avanzó el siglo XVII, se establecieron más fundaciones de ese tipo. En la capital de México la más famosa fue la de las capuchinas o Belén de las Mochas, que aunque comenzó como un lugar para mujeres adultas fue convirtiéndose en colegio y con el paso del tiempo admitió a diversos grupos étnicos, a diferencia de otros sitios de enseñanza.

Pronto apareció en escena un pilar fundamental de la educación de los criollos: la Compañía de Jesús o jesuitas, como también se les conoce. La orden eminentemente contrarreformista tuvo como principal misión la educación de las élites y el combate a la herejía protestante. Los jesuitas fueron los últimos en llegar a Nueva España, al mismo tiempo que el primer inquisidor Pedro Moya de Contreras. Tardaron 10 días en hacer el viaje de Veracruz a la Ciudad de México y cuando por fin llegaron a la capital tuvieron que entrar en canoa, ya que había llovido demasiado y estaba inundada. Se hospedaron en el Hospital de Jesús. Se les donaron unos solares donde construyeron el Colegio Máximo de San Pedro y San Pablo, al que se llamó *xacalteopan* o "iglesia-jacal", por su techumbre de paja.

Su labor fue intensa y su expansión, rápida. Esto no solo debido a su ímpetu, sino también a la insistencia de los vecinos en las ciudades que buscaban la presencia jesuita para encomendar a ella la educación de los vástagos. Para finales del siglo XVI, tenían nueve colegios, dos seminarios para estudiantes seglares, dos internados para indígenas, tres residencias, una casa profesa y un noviciado. Algunos de estos se sostenían gracias a las limosnas y donaciones. Los otros poseían rentas propias.

En los colegios jesuitas, encargados principalmente de la educación de las minorías selectas, los niños terminaban los estudios de humanidades entre los 12 y los 14 años de edad. Después, debían estudiar tres años más de Filosofía, sobre todo de la antigüedad clásica. Entre los 16 y los 18 años, los estudiantes podían incorporarse a una carrera de, aproximadamente, cuatro años de duración.

DE MAL MAESTRO NO SALE DISCÍPULO DIESTRO: LA UNIVERSIDAD

La creación de las universidades como piezas imprescindibles del saber y de la vida intelectual cristiana se remonta a la Edad Media. Entre las primeras fundaciones se cuentan las de Bolonia, Oxford, París y Cambridge, por mencionar solo algunas establecidas en diferentes momentos del siglo XII. Un siglo después se funda la Universidad de Salamanca, que será el modelo sobre el cual se creará la Real y Pontificia Universidad de México, aunque la versión novohispana tenía sus particularidades.

A pesar de que tanto la Ciudad de México como Lima, en Perú, se disputan siempre el título de la primera universidad de la América continental, ya que ambas fueron fundadas de manera casi simultánea, la de México inició sus cursos y fue independiente de las órdenes mendicantes antes que la de Perú, que dependía de la orden de los predicadores.

Así, 30 años después de la caída de Tenochtitlan, la Ciudad de México tenía su propia universidad, cuya influencia no puede medirse en el número de egresados, pues siempre fue una minoría con respecto al total de la población virreinal. Más bien, su influencia fue indirecta, aunque indiscutible, en otros grupos sociales, en la medida en que numerosos egresados eclesiásticos se dedicaron a desempeñar su oficio con lo aprendido.

Había cuatro facultades mayores: Teología, Leyes, Cánones y Medicina, y una menor: Artes (equivalente a la preparatoria actual), aunque no en todas se impartieran clases. Las prestigiosas facultades de Leyes y Cánones tuvieron inmediatamente dos cátedras respectivas. Y muchos años Medicina, considerada de poco prestigio e importancia, se limitó a la revalidación de los títulos de egresados de universidades españolas, echando mano de la autoridad del protomedicato, tribunal responsable de la concesión de licencias y de la vigilancia del ejercicio de la profesión.

Las clases duraban una hora y debían ser medidas con un gran reloj de arena sobre la mesa del profesor. Se les llamaba *hora de ampolleta*. A su vez, se impartían dos cátedras denominadas de prima, si se daban por la mañana, y de vísperas, si se daban por la tarde. Se estudiaban textos de Cicerón, Aristóteles, Juvenal, Virgilio y Santo Tomás, entre otros, y el aprendizaje debía ser memorístico. Asimismo, había cátedras que no pertenecían a ninguna facultad, como Matemáticas, Astronomía y las lenguas indígenas Náhuatl y Otomí. Los grados otorgados eran el de bachiller, licenciado y doctor, y la Universidad de México era la única autorizada para otorgarlos.

Cada cierto tiempo se realizaban inspecciones internas para verificar que los alumnos no se ausentaran o llegaran tarde. Se vigilaba además que los maestros realmente impartieran su clase, sin delegar el trabajo en algún sustituto; que discursaran en latín, no en castellano; y que no se saltaran el interrogatorio final que daba lugar a polémicas y argumentaciones indispensables para el aprendizaje del alumnado. Por último, se cuidaba que el profesor distribuyera correctamente el tiempo de dictado y explicara cuanto fuera necesario. Pero dichas inspecciones arrojaban que cada tanto se incurría en irregularidades y en el incumplimiento de los estatutos.

Los títulos, diplomas y privilegios honoríficos eran muy importantes: significaban una oportunidad de ascenso social. Aunque era necesario pasar por un concurso de oposición para obtener una cátedra, que, a pesar de la prohibición, el candidato compraba los votos, no siempre con dinero, sino incluso con comida y bebida.

Para acceder a los estudios superiores era indispensable estudiar gramática, ya que la enseñanza se impartía en latín. Pronto los jesuitas con su característico ímpetu educativo lograron hacerse de dicha cátedra en sus colegios. Fuera de la universidad algunos profesores daban clases particulares de latín a los jóvenes de las élites novohispanas, aspirantes a obtener un grado universitario.

El rector, máxima autoridad durante el año de su mandato, era elegido por el claustro de profesores. Aunque por algún tiempo también se permitió el voto de los estudiantes, aquello propiciaba sobornos, amenazas, y la compra de sufragios.

El prestigio intelectual conseguido mediante los estudios universitarios fue siempre reconocido por la sociedad novohispana. Pobremente remunerado (hay cosas que nunca cambian), encontró su recompensa en los honores y privilegios que se otorgaban a los universitarios. Tal y como se quejaba amargamente don Carlos de Sigüenza y Góngora, que ostentaba muchos títulos de profesor, pero por un pago irrisorio. Como el sueldo era tan exiguo, los catedráticos debían compensar sus carencias atendiendo algunos negocios. Esto dio pie a una serie de malos hábitos y corruptelas, como que los catedráticos se negaran a impartir clases en la tarde para poder atender sus intereses económicos o que los ayudantes que impartían las cátedras no tuvieran ni siquiera el grado de bachiller.

Como la universidad no tenía edificio propio y tardó bastantes años en tenerlo, los cursos se impartían en casas alquiladas, hasta que la Corona les concedió el solar que perteneció a los hermanos Ávila, los amigos conjurados de Martín el segundo marqués del Valle, quienes murieron decapitados. Sin embargo, el espacio resultó insuficiente. Hacia finales del siglo XVI, se establecieron a un costado de la Plaza del Volador (en las inmediaciones de la actual Suprema Corte de Justicia).

Las ceremonias más importantes eran las de graduación u obtención de cátedra. En estas se realizaban cortejos y jolgorios por las calles de la ciudad para festejar al graduado o al catedrático en cuestión. Paseo que terminaba forzosamente en la casa del festejado, quien debía ofrecer un convite a los vecinos, amigos, compañeros y a las autoridades universitarias.

El acceso a los estudios de nivel superior estuvo vedado a los descendientes de judíos, mulatos, castas y mujeres, prohibición de la que se lamentó amargamente Sor Juana Inés de la Cruz, quien incluso fantaseaba con disfrazarse de hombre para poder acudir a su tan querido estudio. En los más de 200 años de vida de la universidad virreinal se graduaron 22 882 alumnos. De esa cantidad solo una minoría, una veintena, era de origen indígena. Entre ellos se encontraba don Domingo de los Reyes, cacique de Pátzcuaro, que obtuvo el grado de bachiller a inicios del siglo XVIII. Si bien es posible que algunos otros no hayan dejado registrada su calidad étnica.

A pesar de que se solicitaba la limpieza de sangre para ingresar a los estudios, algunos mulatos y mestizos pasaron por las aulas universitarias. Como fue el caso del mulato Pedro Ciprés quien se logró inscribir en la Facultad de Medicina a pesar de las airadas quejas de 11 aspirantes, que incluso escribieron al virrey don Rodrigo Osorio para que impidiera dicha afrenta. El virrey, sin embargo, desechó la queja diciendo que Pedro tenía "virtud y habilidad, buena persona y aspecto" y que podía proseguir con sus estudios.

Por su parte, Nicolás del Puerto hizo una brillante carrera. Nació en Oaxaca, de padre español y madre quizá mulata o india, pero su familia lo registró como europeo. Entró a la universidad, se doctoró, ocupó prominentes cargos eclesiásticos y llegó ser obispo de Oaxaca, a pesar de las murmuraciones y maledicencias de sus enemigos que sospechaban de su origen mulato, y quienes trataron (sin éxito) de impedir su ascenso.

Hubo otros casos de estudiantes que se eternizaban en las aulas y jamás terminaban la carrera, pero en cambio gozaban de los privilegios universitarios y participaban en las votaciones en apoyo del candidato de su elección o vendiendo su voto a pesar de estar prohibido.

La universidad participó activamente en la vida de la ciudad. Fue formadora de funcionarios para la administración civil y eclesiástica virreinal. Al mismo tiempo se erigió como un instrumento eficaz para consolidar y perpetuar el dominio español sobre las castas. Participó activamente en festejos y procesiones, y compartió la ortodoxia frente a cualquier sospecha de herejía, creencia en los milagros o en el poder de las fuerzas de la naturaleza. Defendió los privilegios y fueros de sus miembros, por lo que estorbó cualquier intento de competencia en el ámbito académico.

MAL QUE NO TIENE CURA
QUERERLO CURAR ES LOCURA

Durante todo el periodo de vida del virreinato se sucedieron epidemias sin precedentes en el continente, que diezmaron dramáticamente a la población nativa. La gripe o influenza, el tifo (también conocido como *tabardillo* o *matlazáhuatl*), el *cocoliztli* (que en náhuatl significa "enfermedad o peste"), la viruela y el sarampión son solo algunas de las enfermedades que ocasionaron la muerte de cientos de miles de indígenas. El cronista franciscano fray Bernardino de Sahagún, presa también de la peste, a la cual sobrevivió, señalaba que en Tlatelolco, donde se encontraba al momento de la epidemia, enterró a miles de cadáveres.

Antiguamente un hospital no era solo un lugar para ir a curarse, eran también lugares de descanso para peregrinos y viajeros. A eso se debe que comparta su raíz etimológica con *hospedería*, porque su función era la de hospedar, dar un techo no solo al enfermo, sino al desamparado que no tuviera dónde pasar la noche. Enraizados en la caridad, una de las tres virtudes teologales, dichos espacios promovían el auxilio del enfermo, el consuelo del desvalido y la compañía del moribundo. Fieles a esa tradición medieval que en España también fue muy importante, tanto particulares como autoridades civiles y eclesiásticas promovieron la fundación de cientos de hospitales, diseminados por todo el territorio novohispano.

En ausencia de un Estado fuerte, capaz de proveer los servicios de salud requeridos, la fundación de estos lugares recayó principalmente en la Iglesia y en particulares, movidos por el celo religioso y la piedad. Donaron limosnas, terrenos, rentas y dieron obsequios para que los proyectos hospitalarios pudieran no solo llevarse a cabo, sino sostenerse.

De esta manera, Nueva España fue el primer lugar de la América continental (solo precedida por Santo Domingo en La Española), en tener un hospital. Fundado por Hernán Cortés muy poco tiempo después de consumada la conquista para atender a españoles bajo la advocación de la Inmaculada Concepción, posteriormente se le conoció a este recinto como Hospital de Jesús, por una escultura de Jesucristo que tenía la iglesia adyacente.

El Hospital Real de San José de los Naturales atendía solo a indígenas y tenía además de botica, ocho salas para enfermos, otras para convalecientes, ropería, cocina, despensa, viviendas para médicos, cirujanos, enfermeros y capellanes, baños para los enfermos, un temazcal, oficinas para el mayordomo y el administrador, iglesia y capilla. Y años después contó con un corral de comedias para representar obras teatrales cuyas ganancias eran para el mantenimiento del hospital.

Poco a poco fueron abriéndose más hospitales, como el de San Hipólito, primer hospital de "locos" en América; el hospital Real del Amor de Dios de las bubas para los enfermos de sífilis y el de San Lázaro para los leprosos, que acabó recibiendo a negros y mulatos; el de los Desamparados, fundado y atendido por los juaninos, que recibía a todos aquellos que con frecuencia nadie más quería albergar, como prostitutas, indigentes o lisiados. Así, en cada ciudad de fundación española, como Puebla, Morelia, Querétaro, Mérida, Veracruz, Guadalajara, Campeche, Zacatecas, Aguascalientes, San Luis Potosí, Monterrey, Guanajuato, y en diversos pueblos de indios, como en Zitácuaro, Janitzio, Pátzcuaro y dos docenas más solo en la región de Michoacán, Tlaxcala, Chiautla, Tepeji, Oaxtepec, Xilotepec, Tepoztlán, Yecapixtla y Santa Fe se fundaron hospitales para la atención de enfermos, pobres y peregrinos. Vasco de Quiroga intentó establecer pueblos-hospital autosuficientes en Michoacán, inspirado en la utopía de Tomás Moro, en los principios del cristianismo y en la necesaria ayuda al prójimo para la salvación del alma, pero el proyecto sobrevivió solo algunas décadas. Incluso, Nueva España tuvo el primer hospital para mujeres dementes, fundado en el siglo XVIII, que daba asilo a las mujeres que habían perdido la razón y vagaban por las calles presas de la burla y el abuso, tal y como se verá más adelante.

A juicio de los médicos que seguían las ideas de Hipócrates y Galeno, y en particular la teoría humoral, la enfermedad se producía por la inflamación de algunas partes del cuerpo, o por un desequilibrio en los cuatro "humores" que componen el organismo humano, a saber: bilis negra, bilis amarilla, sangre y flema.

Antes de que Harvey en Inglaterra descubriera la circulación de la sangre, se creía que el cuerpo humano estaba compuesto por esos cuatro humores, que a su vez se alojaban en el cerebro, el corazón, el hígado y el bazo, y que se correspondían con los cuatro elementos: aire, tierra, agua y fuego. Dichos humores determinaban el temperamento humano: sanguíneo, flemático, colérico o melancólico. De ahí se desprenden expresiones que aun hoy utilizamos, como "está de mal humor", "derramó bilis", "es flemático", "tiene un humor negro", etcétera. Por lo tanto, para eliminar el exceso del humor causante del padecimiento, se recomendaban purgas, laxantes, vomitivos y sangrías, realizadas no por los médicos, sino por barberos y cirujanos.

Los boticarios eran los encargados de preparar los remedios recetados por los galenos. Pero al no existir un manual oficial de farmacopea, los ingredientes se mezclaban y administraban a juicio del médico o según la experiencia (no siempre confiable) del boticario. Se utilizaba agua de borrajas, ungüentos de manzana y azahar, flores en general, piedras áureas, jarabe de endivias, aceite de linaza o manzanilla, infusiones de rosas, cilantrillo y orozuz. Pero por lo general, los remedios más importantes para curar la enfermedad incluían una serie de recomendaciones relacionadas con la dieta, el descanso y el clima. En el caso de las enfermas en el convento, la alimentación se componía de arroz, comino, pimienta, miel, azúcar, leche, huevos, aceite de romero, cilantro, maíz, cebollas y, por supuesto, los siempre reconfortantes chocolate y atole. El lavado de cuerpo debía ser solo por prescripción médica; no se recetaba con demasiada frecuencia.

Hace 300 años, la gente podía resistir dolencias que nosotros quizá no soportaríamos sin analgésicos. Este fue el caso de la judía Anica de Carvajal, quien, sentenciada por la Inquisición, tuvo que salir en procesión a recibir su castigo, aquejada de un cáncer de pecho. Su gravedad era tal que, a decir de los testigos, se le veían las entrañas. Asimismo, los enfermos soportaban otras afecciones, que ahora serían fácilmente prevenibles, como la de Juan de Alcocer, quien por quitarse un callo del pie le "cayó cáncer", el cual le fue "subiendo" (suena a gangrena). Le cortaron la pierna a la mitad de la espinilla y murió a los 11 días del procedimiento, lo cual no sorprende pues no existían los métodos antisépticos. Igual y ni enjuagaron el cuchillo. Está el ejemplo del arzobispo que bebió una jarra de agua y le dio un cólico tan tremendo, que le tuvieron que administrar los santos óleos, pensando que moriría, porque también se creía que el agua no era tan beneficiosa para la salud. Era preferible tomar vino o chocolate, así que tomar demasiada agua era causa comprensible de enfermedad. O el del obispo de Guadiana, don Pedro Barrientos, que murió de "un carbunco que le cayó en el cerebro". Por último, el castellano que estaba a cargo de la defensa de Veracruz enfermó de un "furioso tabardillo"

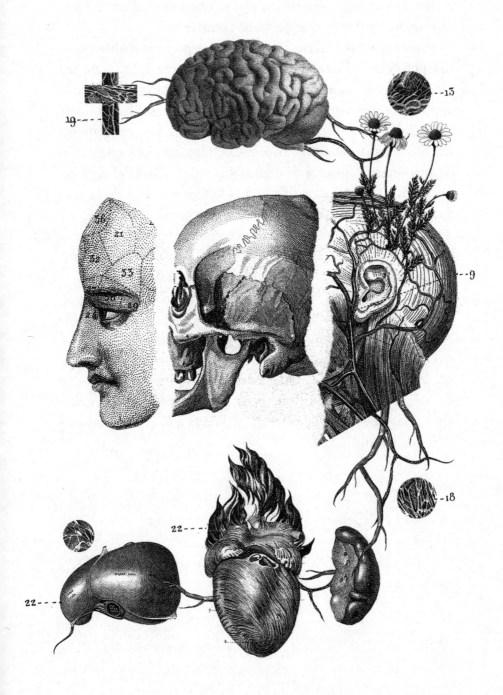

y cuando mejoró se comió un plato de limones en dulce (quizá cristalizados), lo que le provocó la muerte.

Existían otras enfermedades que nos podrían parecer broma, pero que eran bastante frecuentes. Por ejemplo, la modorra, como ya se mencionó, una especie de letargo o pesadez que atacaba a los recién llegados de España. Los postraba en cama, dejándolos inmóviles, sin apetito ni fuerzas, y al cabo de un tiempo llegaban incluso a morir. O el desconcierto, que aquejó a la virreina condesa de Baños y a un arzobispo, el cual era necesario ir a curarse a climas más benignos, fuera de la ciudad. Sucedió también que la virreina condesa de Baños tuvo un mal parto de un varón, presumiblemente porque a la una de la madrugada escuchó el estruendo de las campanas de Catedral, que avisaban sobre un incendio en el techo de unas bodegas.

Pero los había también que morían por cuchilladas, golpes, caídas, accidentes fatales o en inundaciones, temblores, derrumbes o incendios. Este fue el caso de una mulata y dos doncellas que fallecieron ahogadas por el "polvo" levantado al derrumbarse una casa junto al convento de San Agustín, en la Ciudad de México, o los cientos que perecieron después de las copiosas lluvias que en 1629 dejaron inundada a la ciudad durante casi cinco años.

LUNÁTICOS, FURIOSOS Y MENTECAPTOS

S anta Rosa de Lima, una de las figuras más prestigiosas y veneradas en los virreinatos americanos, digna representante del Barroco y dedicada a las labores asistenciales, se bebía el pus de los enfermos. Aunque nuestra reacción ante semejante asquerosidad estaría lejos de la admiración y más cerca del horror, por decir lo menos, este acto era considerado por sus contemporáneos como una muestra irrebatible de sacrificio, abnegación y por supuesto, santidad.

Cada sociedad establece los valores y códigos que sancionan el comportamiento de los individuos. Lo que consideramos "normal" o permitido, tolerado o aceptado por todos, no necesariamente coincide con aquello que las sociedades del pasado concibieron como normal. Así, la locura ha tenido distintas acepciones, manifestaciones y tratamientos a través de los siglos.

En Nueva España, alrededor de la concepción de locura había una categorización que, aunque escasa, reconocía distintas manifestaciones de la demencia: furioso, orate, desaforado, demente, lunático, melancólico y mentecapto.

Furioso era aquel que estaba enteramente privado de juicio, tenía accesos de violencia y, por tanto, era obligatorio tenerlo atado. Esto le sucedió al mercader Francisco Pimentel, quien vivió durante ocho años en una jaula instalada en un cuarto de su casa, atendido por su esposa, con la que diariamente peleaba a gritos, según relataban los vecinos. Y a Diego de Ibarra, un mulato que se paseaba por las calles de Guadalajara cubierto con una piel de bisonte, apedreando a la gente y amenazándola con un palo. Lo habían encarcelado en diferentes ocasiones por varios descalabrados, pero los presos le tenían miedo y las autoridades ya no encontraban bien a bien qué hacer con él. Los niños lo perseguían y apedreaban y los temerosos tapatíos cerraban las puertas de sus casas en cuanto lo veían venir.

A su vez, lunático era aquel cuya demencia no era continua, sino motivada por intervalos procedentes de las fases de la Luna: cuando estaba creciente, se ponían furiosos y destemplados, y cuando estaba menguante, eran pacíficos y razonables. El mentecapto era aquel loco inocente y dócil que no causaba daño alguno, pero se hallaba "falto de juicio", es decir, padecía una especie de oligofrenia.

Los tratamientos para paliar estas afecciones iban desde evitar escuchar cierto tipo de música, como instrumentos de viento, hasta la prohibición de ingerir algunos alimentos de naturaleza fría y húmeda como las frutas, o cálida y seca, como la canela. Se les recetaba el reposo o, en los padecimientos más extremos, los golpes y azotes para "quitar la locura" que con el pobre Diego de Ibarra nunca surtieron el efecto deseado. En el caso de los furiosos era indispensable tenerlos amarrados o encadenados, para evitar que se lastimaran o que hirieran a otros. Para curar la melancolía se recomendaba rehuir los climas húmedos y neblinosos y abstenerse de las carnes frías, saladas y ahumadas; además se les pedía que descansaran por las noches. Era deseable la ingesta de codornices, pollo y huevos pasados por agua.

Sin embargo, no era mucho lo que se podía hacer por el loco: tenerle paciencia, escucharlo y ofrecerle una imagen religiosa, una reliquia, o la compañía de un rezo que aliviara su sufrimiento. Más que una terapéutica de los padecimientos mentales, el socorro a los enfermos se basaba en la caridad, la compasión y el aislamiento e inmovilización, cuando su seguridad o la de su comunidad corrían peligro.

Por otra parte, erróneamente se cree que la Inquisición perseguía sin distinguir a los locos, "confundiéndolos" con endemoniados. No era así. Las autoridades sabían diferenciar cuando el acusado estaba intentando fingir locura o cuando realmente estaba "falto de juicio". En caso de duda, se llamaba a un médico que lo examinaba y, posteriormente, lo ingresaba en un hospital para observar su comportamiento y, aunque se le declarara incapaz e hiciera destrozos, no se le consideraba poseído o que debiera ser perseguido por el Santo Oficio. De hecho, algunos presos en las cárceles inquisitoriales intentaban, con la vana esperanza de eludir el castigo, pasar por dementes, ya fuera guardando obstinado silencio, fingiendo hablar con seres imaginarios, haciendo ademanes grotescos, arrullando a bebés inexistentes, vociferando o llorando, pero los inquisidores no se tragaban el cuento con tanta facilidad.

En Nueva España se fundaron diversos hospitales, o "casas de orates", que atendían a aquellos aquejados de diversas enfermedades mentales. Entre estos se encontraban el Hospital de los Desamparados, a cargo de los temerarios y caritativos juaninos, quienes, como ya se mencionó, fundaron decenas de lugares así por todo el territorio novohispano, y que hasta hace pocos años seguían atendiendo establecimientos psiquiátricos, como el Hospital San Rafael. O el hospital de San Hipólito, el primero de América especializado en atender ese tipo de afecciones, y donde ahora se celebran bodas y eventos sociales de altos vuelos.

San Hipólito, fundado en la segunda mitad del siglo XVI por fray Bernardino Álvarez (pendenciero, prófugo y jugador reformado), recibía a viejos, convalecientes y dementes que vagaban por las calles desorientados, víctimas de las burlas y el maltrato. Primero comenzó en una sencilla casa de paredes de adobe, a la cual se le fueron agregando dependencias y cuartos. Los hermanos que atendían dicho hospital eran digno ejemplo de dedicación y sacrificio. Con triste frecuencia alguno de los pacientes, en un acceso de furia incontrolable, atacaba a alguno de ellos hasta matarlo. La orden de la Caridad de San Hipólito, con ayuda de limosnas, logró abrir otros hospitales para dementes, como el de San Roque en Puebla y el de Santa Cruz en Oaxtepec.

Es necesario recordar el Hospital del Divino Salvador para mujeres dementes, que cambió varias veces de lugar, ubicado siempre en el primer cuadro del Centro Histórico de la capital mexicana, y cuya última sede está exactamente a espaldas del famoso Café Tacuba. El "hospital de locas", como se le conocía, recibió a varias mujeres pobres y dementes, quienes vagaban por la ciudad en andrajos, sufriendo burlas, insultos y maltratos hasta que algún cristiano, compadecido, las encaminaba a dicho hospital o avisaba para que alguien las recogiera. Las enfermas (en especial, las que presentaban comportamientos agresivos) vivían en jaulas de madera, a menudo a la intemperie. Esto ocasionaba que enfermaran y murieran. Las condiciones de higiene eran bastante precarias. Muchas sobrevivían envueltas en jergas infestadas de insectos, cubiertas con su propia inmundicia, pues dentro de los hospitales, como en todo el universo virreinal, también había diferencias y privilegios. Mientras que unas se mantenían de las limosnas o rentas que algún alma caritativa donaba para su manutención, otras enfermas llevaban su propio mobiliario, ropa y criados para que les sirvieran. Además, sus gastos eran costeados por su familia.

En el siglo xix, la ciencia, la medicina y más adelante, ya en el siglo xx, la psiquiatría, intentarán nuevas formas de comprensión, tratamiento y curación de las enfermedades del alma. El vocabulario psiquiátrico se ampliará enormemente y los padecimientos mentales recibirán nuevas denominaciones, cada vez más específicas: *delirium tremens*, epilepsia, neurastenia, psicosis, hidrofobia, histeria, monomanía suicida, religiosa o erótica, e imbecilidad son solo algunos términos que dan cuenta de la aparición de nuevas sensibilidades y renovadas preocupaciones con el correr del siglo

xix. Asimismo, la nueva terapéutica recomendaba baños de agua helada, choques con insulina, electrochoques, bromuro de potasio, hipnosis, terapia ocupacional y otras diversas "curaciones", que se ensayaron en la primera mitad del siglo xx, para restaurar la salud mental, sin demasiado éxito.

Poco a poco, la caridad y la compasión, enraizadas en el amor a Dios y al prójimo, desaparecerán para dar paso al concepto de beneficencia, relacionado con las ideas de orden, justicia, clasificación y el deseo de corregir y enderezar los comportamientos. A través de la ciencia, y sus mecanismos de control y confinamiento, el Estado observará, experimentará y buscará la "curación" de esas psiques desgarradas por la angustia, la soledad y el dolor.

NO ME BUSQUE EN MI CASA
QUIEN ME PUEDE HALLAR EN LA PLAZA

En la época prehispánica las casas no eran muy diversas entre sí, a no ser que pertenecieran a algún cacique o *tlatoani*, como el palacio de Moctezuma o de Axayácatl, donde fueron hospedados los españoles a su arribo a la gran Tenochtitlan. Estas construcciones eran recintos imponentes, con salones enormes llenos de vistosas pinturas y de pieles de animales colgadas en las paredes. Tenían también cuartos para guardar alhajas y tesoros, grandes patios interiores, fuentes y jardines. En contraste, las viviendas de los *macehuales*, o pueblo llano, estaban organizadas en barrios, con su propio *tepochcalli*, su mercado, sus templos y su casa de cantos y bailes. Las casas eran muy sencillas. Se componían de una sola pieza hecha de carrizo, adobe, bajareque, madera, piedra; cubiertas con zacate, palma o jacal, como se le llamaba en aquel tiempo y sin ventanas. En ese reducido espacio se encontraban sin paredes divisorias un dormitorio, que consistía tan solo en un petate, un brasero para cocinar e instrumentos de barro y piedra. Entre estos: el metate para moler diariamente el maíz de las tortillas, el comal de barro para cocerlas y el molcajete para triturar chiles. Se colocaba también un adoratorio doméstico en el que se acomodaban tres piedras, *tenamatzin* o "trillizos", consideradas las tres personas del dios del fuego, al que se le encendía copal. A la llegada de los españoles esta distribución del espacio se mantuvo, si bien, el altar a la divinidad por supuesto se cristianizó. Aún es posible verla sin mayores modificaciones en algunos lugares de la República mexicana. Antes de la llegada de los españoles no existían columnas, arcos de medio punto, puertas, goznes y postigos, y por consiguiente tampoco cerraduras, llaves ni ventanas.

La vivienda novohispana sufrió pocas modificaciones en sus dos primeros siglos de existencia. En un principio, las grandes construcciones tenían una disposición similar a las fortalezas en atención a la posibilidad de que los indígenas pudieran rebelarse. Ejemplo de esa arquitectura inicial es el Palacio de Cortés en Cuernavaca, con gruesos muros y almenas, además de torreones defensivos. Con el correr de los años ese temor se desvaneció y las casas siguieron el modelo español que proyectaba la vivienda con dos patios, uno principal y otro trasero.

En estas casas convivían numerosas personas, que no necesariamente pertenecían a la misma familia. La parte baja que daba a la calle se llamaba accesoria y era el taller de artesanos, sastres, loceros, zapateros, gorreros, etcétera. En el mismo espacio, tenían su vivienda en un cuarto adyacente, el cual carecía de salida por otro lado más que la de la calle. En la parte de arriba vivían las familias con una mejor posición económica. Mediante un pasillo se accedía a las habitaciones que estaban conectadas unas con otras, y que se componían de la sala de estrado, las recámaras y la capilla u oratorio doméstico. No había comedor ni baño.

En el patio trasero, en la parte de abajo, estaban las caballerizas, las cocheras para guardar los carruajes y las habitaciones de criados y esclavos. Arriba de estas, las habitaciones de criadas y esclavas, además de la cocina. En la azotehuela, se ubicaba el beque o las secretas, como se les llamaba a las letrinas instaladas siempre afuera de las casas.

El mobiliario de los sectores privilegiados no era confortable, sino más bien lujoso, un alarde de riqueza, holgura, prestigio y distinción social, valores muy importantes en el mundo virreinal.

La pieza más importante del mobiliario en el primer siglo de vida novohispana fue la silla de caderas, también llamada de *fraile*, inspirada en la curul romana de magistrado. Hernán Cortés utilizó estas sillas desde un principio como el símbolo de poder de la Corona y la superioridad de los españoles. Incluso, antes de su arribo a Tenochtitlan envió una como obsequio al *tlatoani* Moctezuma. Se utilizó también para llevar a cabo la impartición de justicia. Por su fácil ensamblado y plegabilidad, se podía transportar de un lugar a otro con comodidad para ser colocada en cualquier sitio. Su rastro se encuentra en diversos códices como el Florentino, el Durán, el Yanhuitlán, la tira de Tlatelolco, el Santiago Guevea y el Lienzo de Tlaxcala, entre otros. Así, aparecen sentados en sillas de caderas encomenderos, oidores, jueces y virreyes. Pronto, los indígenas aprendieron la elaboración de dicho asiento y era bastante frecuente encontrar muchos de este tipo en las casas de españoles acomodados. Cortés poseía 16 sillas de caderas fabricadas con "cueros bayos de la tierra", es decir, con piel de Nueva España y tachuelas o clavazón traídas de España. En su mayoría, las sillas de caderas eran taraceadas o incrustadas con diversos patrones geométricos de marfil, hueso o maderas preciosas, o eran tapizadas con brocados y terciopelos.

Los muebles españoles de aquel tiempo eran sobrios, simples y monocromáticos. Muy pronto estos modelos se transformaron en América y se les agregaron diversos colores y diseños, con lo cual la policromía se convirtió en un sello novohispano. Para fabricar los muebles y objetos del ajuar doméstico se utilizaba gran diversidad de maderas: zapote blanco, aguacate, pino, encino, roble, nogal, cedro, entre otras.

Para quienes tenían los medios económicos, las casas se decoraban con bargueños (muebles tallados que poseían varios cajones de distintos tamaños, de origen portugués), brocados, cojines, papel pintado de China en las paredes, candelabros, bandejas, jarras y cubiertos de plata, cajas, cestos, baúles, camas, sillas de respaldo de vaqueta negra, petacas de piel de venado, asientos con terciopelo, tapices, cuadros de santos, escribanías, escritorios con adornos de plumas, atriles, cajas de costura, espejos con papel dorado y flores de colores, además de imágenes de vírgenes y cristos de bulto, vajillas de Talavera, porcelanas, lacas, cocos chocolateros y crucifijos de marfil traídos de Asia.

Los muebles de comedor no existían, pues dicho espacio se integró a las casas novohispanas hasta bien entrado el siglo XVIII. De ahí la expresión "poner la mesa", ya que al momento de comer se armaba con tablones y bancos. Las cocinas y despensas estaban junto a las habitaciones de la servidumbre. Como no existía el comedor, los habitantes comían en la cocina, protegidos por algún biombo o simplemente compartiendo el espacio con los sirvientes.

Las bacinicas o "servicio" que se colocaban en los cuartos y se recogían todas las mañanas estaban fabricadas de barro, porcelana o, en algunos casos, plata. Ya mediando el siglo XVII, se encuentran los "placeres", que eran habitaciones con una tina de azulejos, las cuales, más que para la higiene diaria, eran al parecer un espacio que servía para el solaz y el descanso.

La viguería de los techos se pintaba. El suelo era de terrado con el consiguiente problema de que, pasado cierto tiempo, con demasiada frecuencia las vigas se resecaban y el polvo caía sobre los habitantes de la parte de abajo cada vez que alguien caminaba o pisaba demasiado fuerte en el piso de arriba.

Entre los pisos de acceso a la parte superior de las viviendas se edificaban unas pequeñas habitaciones llamadas entresuelos, las cuales, aunque se utilizaban para recibir huéspedes o parientes que venían a gestionar algún asunto a la capital, se fueron rentando por la escasez de vivienda que siempre ha sufrido la Ciudad de México.

Asimismo, afuera de los conventos, edificios de gobierno y hospitales, existían locales de *taza y plato*, llamados así por estar un piso apilado sobre el otro. En la parte baja, es decir en el plato, estaba el taller, el zaguán y la escalera, y en la de arriba, que era la taza, habría un pequeño cuarto, una sala minúscula y una cocina todavía más pequeña. En esos sitios también vivían familias junto con algún aprendiz o empleado, quien dormía en la parte de abajo, donde se encontraba el pequeño taller o negocio. Los maestros de algún oficio sacaban sus bancos y trabajaban en el patio o en la calle, ya que los espacios eran muy reducidos.

Poco a poco, esas casas de patio cuadrado se dividieron para hacer las llamadas *par de casas*, idénticas a las originales de patio cuadrado, pero que, divididas por un muro en medio, poseían un patio rectangular con un pasillo largo en el cual se distribuían locales y viviendas. Los patios eran centros de sociabilidad importantes en donde la gente de diversos estratos sociales se reunía a cocinar, lavar y tender la ropa. Además, se enteraban de las noticias más recientes mientras los niños jugaban. A estos lugares entraban vendedores ofreciendo sus mercancías.

Los más favorecidos tenían una merced de agua y, por lo tanto, una fuente en su patio. Quienes no, que era la enorme mayoría, se dirigían a las distintas fuentes de la ciudad que, abastecidas por los acueductos de Chapultepec y Santa Fe, surtían agua a los habitantes. También había aguadores que llenaban sus cántaros y por unos tomines (sinónimo de reales de oro de tepuzque o reales de plata) iban ofreciendo el líquido de casa en casa.

Para la gran mayoría de la población, como ya se mencionó, la casa siguió teniendo la misma composición y distribución anteriores a la llegada de los europeos. Una pieza pequeña sin ventanas con su petate o un jergón, un altar doméstico con alguna imagen de la Virgen, un santo o estampa devocional, y algunos utensilios de cocina (molcajete, ollas, comales), además del brasero o anafre, es decir, los muebles eran escasos.

Pero había otros que vivían en lugares que quizás hoy nos parecerían inauditos. Como lo mencioné anteriormente, el alguacil de la cárcel inquisitorial rentaba los calabozos vacíos

durante largos periodos como cuartos de vecindad. De manera ilegal, por supuesto, y los beneficiados de esos lugares eran malvivientes, ladrones y prostitutas que entraban y salían sin ningún recato ni miedo al temible Santo Oficio.

Asimismo, en el palacio virreinal, entre las salas de la Audiencia, vivían algunas mujeres a las que, por su extrema pobreza y condición de viudas miserables, se les permitía habitar reducidos espacios que se parecerían más a un clóset actual; tal y como fue el caso de Elvira, viuda del sastre del difunto virrey Bucareli o Beatriz Constanzo, además de Basilio Velasco y José Pío Quinto, lacayo y cocinero, respectivamente, de aquel virrey, quienes se hallaban sumidos en la pobreza. En Catedral la viuda del campanero, después de la muerte de su esposo, se quedó a vivir en el campanario, porque no tenía otro lugar a donde ir.

Pese a que los indios no debían vivir en las ciudades y menos en las casas de españoles, a finales del siglo XVII circulaban por caminos y calles indios "extravagantes" (es decir, que vagaban fuera de sus lugares de origen). Los cuales vivían en corrales, desvanes, patios, sótanos, escondrijos y pajares de los españoles, quienes llegaban incluso a esconderlos debajo de sus camas, cuando la justicia o el párroco los requerían para reintegrarlos a sus parroquias y barrios.

BIEN VESTIDO, BIEN RECIBIDO

Como hemos visto, la novohispana era una sociedad jerárquica en la que la apariencia era esencial para conservar el orden social y político, además del prestigio y la fama, el cual se basaba en la premisa de "lo que se ve, se es". La vestimenta era fundamental para distinguir a los diversos grupos sociales; sin embargo, el atuendo no siempre estaba diferenciado entre razas, como se ha querido entender en el mundo novohispano, sino entre corporaciones, comunidades o grupos. Así, no todos los religiosos vestían de igual manera. Los franciscanos llevaban un sencillo hábito que en un principio era azul oscuro, pero que después fue destiñéndose y, aunque los indígenas destejían y coloreaban el traje con añil, luego fue generalizándose el uso del color pardo y la tela burda como en Europa. A su vez, los dominicos vestían una tosca jerga gruesa en blanco y negro con escapulario, los agustinos un sayo color negro y los mercedarios un hábito blanco. La tonsura también era un signo exterior de diferenciación entre religiosos y seglares.

Los españoles de cierto rango social, no todos, tenían el privilegio de usar sombrero, capa y espada. Ese privilegio, después de concluida la Conquista, fue otorgado a algunos caciques indígenas, como en el caso de los aliados tlaxcaltecas de Cortés o los descendientes de la nobleza mexica.

Los indios debieron cubrir su desnudez y vestir con calzón y camisa de manta a la usanza europea, para no exhibir sus "vergüenzas". Los antiguos sacerdotes antes ataviados con sus *xicolli* de fino algodón, con flecos y franjas de colores, según su jerarquía y el dios al que representaban, tuvieron que despojarse de estas vestiduras. Fueron obligados a cortarse el pelo y con ello perder su autoridad, dignidad y privilegios.

Aunque el arte plumario fue poco a poco perdiendo fuerza y presencia en la época virreinal, siguió utilizándose en la indumentaria de los nobles indígenas, como los huipiles, que conservaban su sentido ceremonial. También se trasladó dicho arte a las mitras que en tanto objetos litúrgicos tenían también su propia carga simbólica y un sentido didáctico, pues retrataban personajes y pasajes bíblicos, como profetas, apóstoles, la Santísima Trinidad, la crucifixión y la Asunción de María, entre otros.

Por su parte, esclavos, mestizos e indígenas *macehuales* debían usar jerga y manta de algodón, aunque hubo quienes las evitaron e incluso solicitaron permiso para cambiarlas por sedas, encajes o sombreros, capas y espadas.

El huipil, prenda ceremonial de la nobleza femenina prehispánica, se convirtió en la ropa cotidiana para todas las mujeres indígenas. Quienes en tierra caliente usaban el *cuéitl* o enredo y el *quechquémitl*, que dejaban el busto total o parcialmente descubierto, fueron obligadas a cubrirse por completo. Se agregaron listones al cuello y bordados al torso y las mangas. Al huipil se sumó un paño con el cual se cubrían la cabeza antes de entrar a la iglesia. Como adorno utilizaban joyería hecha de cuentas de vidrio, medallones, crucifijos, monedas de plata, collares y aretes de perla a la usanza española. Las mujeres aprendieron a usar faldas con grandes holanes en las orillas.

Para sustituir los lienzos o fajas indígenas se introdujeron botones, broches de metal, varillas, alfileres, hebillas y cinturones, además de abalorios y chaquiras. Estas últimas se sumaron a otros materiales ya utilizados con anterioridad, como el barro, el hueso, las conchas o piedras semipreciosas, como el jade.

Los diversos grupos sociales incorporaron otros elementos y mezclaron objetos de procedencia europea, africana, asiática y americana. Permanecía el gusto por el adorno y el color de las sociedades prehispánicas, pero ahora incorporaban técnicas europeas de fabricación. Por ejemplo, se diseñaban espantamoscas de plumas y huaraches o *cactlis*. O se confeccionaban chapines: zapatos de plataforma forrados con terciopelo o brocado y seda, fijados con clavos de plata, gorgueras de seda, deshilado o encaje. Utilizaban asimismo guantes, como símbolo de distinción, y sombreros, cofias, diademas, cintillos de perlas, mantillas, abanicos de plumas con incrustaciones de concha nácar y seda. Estos últimos no solo servían para refrescarse y ahuyentar insectos; cumplían además con una función comunicativa en el mundo de la coquetería. Cada gesto asociado al abanico tenía un significado: cerrarlo súbitamente significaba un no rotundo, abrirlo de cierta manera y asomar solo la mirada podía significar que había moros en la costa, o golpearse la mano con él denotaba impaciencia.

En un principio las telas más apreciadas eran aquellas traídas de Europa. Los tapices belgas y españoles, asimismo las fajas de raso, las gorgueras, los jubones, las faldillas, las capas, sumadas a las tocas y sayos, causaban un verdadero furor.

Españolas y criollas usaban pesados vestidos con falda, corsé, miriñaque (especie de crinolina rectangular de armazón rígido), bordados con lentejuelas de plata, pedrería con inserciones de raso, seda y terciopelo, que eran verdaderas obras de arte. Estas prendas llegaron a pesar varios kilos y su valor era tan alto que se incluían en las herencias y testamentos. En el caso de los hombres, ciertas ropas y accesorios se otorgaban como trofeos. En los certámenes de la universidad se daban como premio jubones o medias de seda y guantes, además de algún pequeño objeto de plata.

Pese a que el ganado no existía en Mesoamérica, con el paso del tiempo los indígenas aprendieron a trabajar la lana en el telar y produjeron paños, frazadas, sayales, sacos, sarapes, mantas, túnicas, colchas, cobertores y bonetes, tan ricamente bordados e hilados que, con el correr del siglo XVI, se exportaron a España. Los tintes de origen prehispánico, como la grana cochinilla, el añil y el palo de tinte permitían una gran variedad e intensidad de colores.

La seda fue otro producto que se introdujo a Nueva España muy tempranamente y pronto había criaderos y telares para trabajarla en la Ciudad de México, Morelos, Puebla y principalmente en Oaxaca, en la Mixteca Alta. A finales del siglo XVI, la producción de este tejido decayó por la entrada regular del galeón de Manila, que venía cargado de sedas chinas, mucho más baratas. Telas preciosas que los gremios de bordadores, listoneros y terciopeleros usaban para aderezar costosas y elegantes prendas, a pesar de su prohibición. Para desagrado de las autoridades, cualquier criado, "mecánico" (artesano) y mujer de "baja estofa", andaban cubiertos de seda con capas, sayas y mantos, endeudándose y haciéndose pasar por gente de alcurnia, que escondía su humilde origen o su pobreza.

El bordado en oro y plata fue también aprendido por los indígenas. Decoraron estolas, casullas, capas y diversos ornamentos para las celebraciones litúrgicas.

En cuanto a la población de la universidad, los doctores iban vestidos con gabanes, capotes y borlas, según el color de su facultad: verde para Cánones, azul para Filosofía, roja para Leyes, amarilla para Medicina y blanca para Teología. Los estudiantes se cubrían con bonetes y raídos manteos. Solo los clérigos, bachilleres y lectores podían usar sotana. No se les permitía usar calzas ni medias de colores ni de seda, como tampoco adornos de terciopelo o raso en los manteos, sotanas ni sayos.

A su vez, los barberos encargados no solo de cortar el pelo y la barba, sino de hacer sangrías y extraer muelas, debían llevar chupa (chaleco) y calzón corto.

Pero de nuevo, la ruptura de las normas establecidas era bastante frecuente. En la visita pastoral que hizo el obispo de Puebla, don Juan de Palafox, a mediados del siglo XVII, al examinar el estado de su diócesis, para su sorpresa y desagrado encontró en el pueblo de Zapotitlán a unos indígenas que servían en la iglesia vestidos de españoles y "con guedejas en la cabeza, cosa extraordinaria entre los indios". Escandalizado, los regañó y les ordenó que se cortaran el pelo inmediatamente. Tampoco se les permitía a los religiosos andar de pelo largo ni con copetes.

Otro caso más escandaloso involucraba a una hermosa indígena apodada la Sierva de Tepic, quien tenía un amorío con el guardián del convento. El religioso le obsequió el terciopelo del altar a su amada, para que la bella mujer se fabricara una elegante basquiña, con la que se paseaba sin ningún recato a la vista de todo el pueblo.

Paulatinamente, se introdujeron la rueca y el telar que hicieron más eficiente el hilado de diferentes grosores y que, al ser más ancho que el de cintura indígena, permitía producir piezas más grandes en menor tiempo, las cuales podían ser urdidas por los hombres y vendidas por las mujeres en los mercados.

Las negras, imposibilitadas para vestir como españolas, pero que tampoco podían hacerlo a la usanza indígena, combinaban extravagantes atuendos con enaguas de colores, paños brillantes o paliacates en la cabeza, y aun chapines con clavos de plata. Los negros esclavos o criados en los centros urbanos debían vestir de manera elegante y pulcra, como signo evidente de la bonanza de sus amos. Vestían por lo general una casaca de botonadura dorada y con bordados a la espalda.

Una de las prácticas que más asombraban a quienes venían de Europa era la profusión de joyas utilizadas por las novohispanas de todos los estratos sociales, tal y como hemos visto que sucedió con la envidiosa virreina. Perlas gigantescas, esmeraldas, brillantes y rubíes engarzados en oro y plata, adornaban los cuellos, orejas, manos, vestido y cabello de las españolas e indígenas de cierta posición. Hasta las negras y mulatas llegaron a ostentar perlas y plata, además de los más sencillos corales.

Las monjas también debían vestir conforme a su orden. Las concepcionistas usaban túnica de estameña blanca con manto azul claro; las jerónimas, blanco con toca blanca y velo negro, que ondeaba sobre la frente y un gran escapulario de metal con alguna imagen religiosa; las agustinas, hábitos y velo negro con toca blanca; las capuchinas, hábito pardo atado a la cintura con una cuerda blanca y sandalias; las carmelitas, túnica marrón con el escudo de la orden y toca y capa blancas, velo negro y sandalias. Pese a estar restringido el uso de alhajas, era muy frecuente su uso dentro de los conventos femeninos. Perlas, medallas, relicarios, miniaturas y crucifijos de oro, plata y piedras preciosas se mantuvieron como signos de distinción social entre las religiosas.

Contrario al arraigado prejuicio de que la vestimenta en aquellos siglos era sobria y aburrida, las fuentes documentales nos muestran que, por el contrario, los novohispanos gustaban mucho de los colores llamativos e incluso estridentes. El boato y el lujo eran importantes al momento de recibir a una nueva autoridad venida de otros lares, pues la primera impresión era la que contaba.

Para el recibimiento de un nuevo virrey, como fue el caso del conde de la Coruña, el cabildo acordó una serie de ropajes que debían llevar sus alcaldes, regidores y corregidores. Se mandaron a hacer 18 ropas francesas de terciopelo carmesí, forrado con tafetán blanco; otro tanto de gorros de terciopelo del mismo color con plumas blancas y amarillas, además de calzas y jubones amarillos a juego con espiguilla de seda, también forrados con tafetán de seda blanca y sendos pares de zapatos y medias de punto y de seda, con terciopelo amarillo. En otra ocasión, para la entrada del virrey marqués de Villena, a la Ciudad de México, el cabildo acordó que alcaldes, alguacil mayor, regidores y el escribano llevaran ropas rozagantes. Estas eran de terciopelo carmesí, forradas con tela blanca y anaranjada, además de calzón y ropilla de terciopelo liso, forrados con el mismo color. Completaban el atuendo, medias amarillas o anaranjadas, gorras de terciopelo, plumas de colores, ligas con puntas de oro y bolillas bordadas de oro.

La regulación en el vestido y aderezo era tal que, a la solemne entrada del virrey marqués de Villamanrique a la Ciudad de México, el cabildo acordó que incluso el caballo que se le obsequiaría, debía ir con silla de terciopelo carmesí, guarnecida de oro, con el estribo y freno dorados.

En la sección de recibimientos bochornosos, cuando el virrey conde de Moctezuma arribó de España, su caballo chocó al pasar bajo el arco que se había erigido para recibirlo en la Ciudad de México. El virrey cayó al piso y con él se resbalaron también sus extensiones de pelo, llamadas *guedejas flotantes*, mechones de pelo o copetes postizos, pues había quienes no tenían suficiente cabellera para peinarse.

Todos los habitantes debían respetar el orden y las jerarquías en el atuendo. La única excepción que permitía subvertir dichas reglas y roles sociales era el carnaval. En ese lapso de celebración desenfrenada se consentía que los hombres utilizaran el atuendo femenino, o que negros y mulatos se disfrazaran de españoles. Se fabricaban incluso ropajes para burlarse de las autoridades (del virrey y virreina, del rector de la universidad, de los oidores, alcaldes y corregidores).

La moda fue cambiando conforme a los gustos y formas europeas. Avanzado el siglo XVI, se impuso el color negro tan característico de la corte de Felipe II, el cual denotaba elegancia y distinción, pero los colores brillantes permanecieron en el gusto de los novohispanos.

Todavía en el siglo XVII, prevalecían los voluminosos trajes con telas pesadas, de cuello alto, líneas rectas y joyas imponentes, que realzaban la apariencia, el prestigio y rango, pero que a la vez ocultaban el cuerpo femenino. Además, se preferían los peinados monumentales. Poco a poco nuevos aderezos y piezas de la indumentaria aparecieron y otros fueron quedando atrás.

A finales del siglo XVII, se acentuaron los escotes cuadrados; se redujo la lechuguilla que llevaría pedrería; desaparecieron las estorbosas e incómodas gorgueras que permitieron peinados bajos y hacia los lados de la cabeza; los mantos se hicieron más ligeros y se popularizaron las mantillas, los mantones y manteos de raso con bordados de oro y plata y forros de diversos colores. Se empezó a usar la falda seccionada o basquiña, que dejaba ver las capas interiores de ropa.

Los sombreros debían elaborarse del color de la lana sin agregarles engrudo, ni goma, ni betún para endurecerlos. Tampoco se les añadía borra, manteca ni aceite. Una vez terminados debían entintarse y, posteriormente, agregar los aderezos fabricados por el gremio de sederos. A los sombrereros se les prohibía adobar prendas viejas para evitar que los sombreros usados se vendieran como nuevos. Entre los distintos modelos se encontraban sombreros para ponerse sobre el bonete de clérigo, otro imperial en color azul, verde, rojo, amarillo y morado, uno más de fraile y otro pardo de fraile franciscano.

Los bonetes y gorras debían ser fabricados por los gremios de gorreros y boneteros. Tal y como lo hemos visto, las ordenanzas regulaban hasta el más mínimo detalle de fabricación y precio. Establecían cuánto debía medir el forro, cómo debía ser la costura y el acabado. Esto con la finalidad de evitar productos defectuosos o hechizos, o que un cliente recibiera gato por liebre.

En cuanto al calzado de uso europeo había pantujos o pantuflos para andar en casa. Se fabricaban en cordobán (piel de cabra) o piel de venado con suela de vaqueta (cuero de ternera). Se usaban también chapines o chancletas de seis corchas de cordobán. Otros modelos eran los de plata, terciopelo y dorados. El adorno de este calzado debía hacerse en las tiendas, pues estaba prohibido ir por las calles y las casas vendiendo o aderezando

chapines. No eran iguales a los zapatos, sino una importación asiática que se asemeja a los que conocemos ahora como tacones de plataforma o tacón puente. Debían coserse con hilo de Castilla seco y nuevo. No se permitía el hilo de henequén.

Asimismo se usaban botines abiertos con hebilla baja, botas, cueras abiertas y alpargatas, que eran el calzado general entre los españoles, pero a falta de cáñamo se permitía su fabricación con algodón, lana o henequén. Aunque la fantasía cinematográfica imagine a Cortés y a sus hombres con hermosas, largas e hirvientes botas de cuero, la realidad es que los conquistadores calzaban las menos glamorosas pero más frescas alpargatas. El calzado indígena llamado *cactli* consistía en una suela de hilo de henequén cosida de manera tan apretada que quedaba dura como tabla. Se ataban con correas de cuero a los dedos y al talón, sin nada en el empeine. En el caso de los indígenas, los caciques traían los talones pintados y dorados, pero a los *macehuales* no se les permitían esos arreglos.

BIEN PREDICA DE AYUNAR
QUIEN ACABA DE ALMORZAR

Los gustos alimentarios, lo sabemos, se modifican conforme los valores y códigos culturales de una sociedad, y según los recursos vegetales y animales que esta tiene a su alcance. Pero también en relación con sus creencias religiosas, tradiciones, prácticas culturales e idiosincrasia.

En los años posteriores a la Conquista, se introdujeron no solo nuevos cultivos, sino también nuevas formas de sembrar y arar, además del ganado menor y mayor, inexistente hasta entonces en Mesoamérica. Se sumaron de igual manera nuevos utensilios y formas de preparar y cocinar los alimentos.

Poco a poco en las cocinas novohispanas se fusionaron los molcajetes, metates, comales y las cazuelas de barro prehispánicos con el brasero de origen andaluz, que separaba el fuego de la tierra, y con los utensilios de cobre, vidrio, (tazas, jarras y copas) y metal (cucharones, cazos, tenazas, vasos, cuchillos y tijeras).

La dieta de las culturas prehispánicas estaba basada en el maíz, así como la europea en el trigo y la asiática en el arroz. En la base de la alimentación indígena (al menos en el área central de Mesoamérica) se ubicaban también el frijol, el chile y la calabaza. Dicho consumo continuó durante siglos entre los sectores más desfavorecidos.

Los insectos, tan apreciados en las culturas mesoamericanas, no llegaron a penetrar el gusto de los europeos, quienes vieron con desagrado y hasta horror su consumo, ya que, desde siglos atrás, todos aquellos alimentos y animales que estuvieran enterrados o más cerca de la tierra se despreciaban, mientras que se prefería aquello que estuviera elevado, más cerca del cielo, digamos. En cambio, entre los indígenas se consumían jumiles, gusanos blancos y rojos de maguey, eloteros y de nopal, de mezquite, chapulines, grillos, hormigas, escamoles, botijas, periquitos del aguacate, moscas acuáticas, acociles, chicatanas, abejas con o sin aguijón, avispas, hormigas mieleras y cualquier tipo de larvas, pupas e insectos adultos que proliferaban por todo el territorio, en valles, llanuras, montañas, bosques, selvas, ríos y lagunas. Estos insectos aportaban una cantidad sustancial de proteína en la dieta diaria de los indígenas.

Muy pronto, Cortés vio la posibilidad de sembrar caña de azúcar y otros productos en el valle de Cuernavaca (parte del marquesado que le había otorgado la Corona) y en Orizaba, pues el clima era propicio, la tierra fértil y la mano de obra muy abundante. Otros productos y animales fueron adaptándose a la tierra y en el norte el ganado vacuno proliferó con suma facilidad.

En América todos los animales de tiro eran nuevos, sin embargo, los nativos pudieron adaptarse y congeniar mejor con las gallinas, los borregos y los cerdos, que eran de fácil cuidado. Una persona era suficiente para cuidar una piara o un rebaño de ovejas. No fue el caso de las vacas, con las cuales los indígenas tuvieron una mala relación y numerosos conflictos, porque invadían sus cultivos y se comían el maíz tierno, lo que suscitó largos y amargos pleitos que terminaron en demandas. El ganado vacuno se expandió con asombrosa facilidad por miles de kilómetros, desde las praderas de Wyoming hasta la Tierra del Fuego. Se contó por millares a unos cuantos años de haber sido desembarcados los primeros ejemplares. Para laborar como vaqueros se empleó en su mayoría a negros y mulatos, hábiles para cabalgar, adiestrar caballos y lazar ganado cimarrón.

De la carne que se consumía, la más barata era la de res, un subproducto. Se valoraba más su cuero, que se utilizaba para fabricar muebles, calzado, sillas de montar y baúles, entre otros objetos. En realidad, el sobrante era la carne. De ahí que fuera muy barata y, con mucha frecuencia, en las cárceles se les daba de comer a los presos una ración diaria de carne de casi medio kilogramo guisada en clemole (jitomate con chile).

La carne de carnero era mucho más cara pero popular, y se utilizaba también para hacer caldos sustanciosos que aliviaban el estómago de los enfermos. El cerdo, llamado *cochi* por los nativos, pues pasaba la mayor parte del tiempo durmiendo, también se incorporó a la dieta indígena y fue rápidamente adaptado a los gustos locales. La piel del cerdo desollado se comerá después de "chinchinarla", del náhuatl *chichinoa*, quemarla en manteca.

El cerdo era muy apreciado. Al ser una carne proscrita por judíos y musulmanes, su consumo denotaba la práctica de ser cristiano viejo, no converso, de cepa. Rehusarse a comer cerdo podía incluso ser tomado como un indicio o sospecha de prácticas heréticas. Esto sucedió con algunas denuncias ante la Inquisición, las cuales señalaban a algún personaje de ser judaizante (como en los procesos llevados a cabo en 1646) por haber hecho de lado el tocino en algún platillo para evitar consumirlo o despreciar el jamón.

La comida prehispánica no utilizaba grasa animal ni aceite para su preparación. Los platillos eran asados, cocidos al vapor, secados al sol o hervidos. Los europeos introdujeron el uso de la manteca y el aceite para la cocción de los alimentos. El aceite de oliva era escaso y de difícil acceso, porque no se producía en Nueva España, pues los comerciantes en Sevilla habían logrado obtener de la Corona el monopolio de dicho producto, que era considerado de lujo, tal y como ya se mencionó. Por lo tanto, para cocinar carnes, caldos, tamales, salsas y guisados se utilizaba la manteca de cerdo.

Los vegetales, los productos altos en fibra, bajos en grasa y en azúcar se han convertido en los reyes del paladar sano y correcto, pero las preferencias gastronómicas entonces eran lo opuesto. Con la llegada de nuevos ingredientes y maneras de preparación, la comida se hizo más compleja y variada. De Europa se trajeron el ajo y la cebolla, ahora indispensables en prácticamente cualquier salsa mexicana. Las especias, como la pimienta, el comino, el azafrán, el cilantro, el perejil, el tomillo y el laurel, fueron también introducidas y enriquecieron irreversiblemente la gastronomía novohispana.

Bernal Díaz del Castillo aseguraba con orgullo que en la expedición de Grijalva, anterior a la de Cortés, había sembrado unas semillas de naranjo en Veracruz, y que a su regreso las semillas habían florecido en un bello arbolito. Así, el clima idóneo permitió que muy pronto se sembraran limones, naranjas y toronjas, las cuales rápidamente se adaptaron y fueron pródigas en el cálido clima.

Se sembraron también, en entornos más templados y fríos, perales, manzanos, ciruelos, duraznos, albaricoques, higos, membrillos, granadas, garbanzos, nabos, habas, lentejas, zanahorias, acelgas, espinacas, lechuga, hierbabuena, orégano, rábano, almendra, nuez, entre muchos otros. A ellos se incorporaron los productos nativos, como mamey, aguacate, tejocote, guayaba, cacahuate, vainilla, tuna, maguey, piña, amaranto, nanche, palo santo, capulín, zapote, ejote, chayote, achiote, pimiento, pitahaya, quelite, pápalo, epazote, jitomate, papa, e infinita variedad de chiles, además de, por supuesto, el cacao, que merece mención aparte. Asimismo, se agregaron en estas tierras otros alimentos traídos de China, como mango, clavo, jengibre, pimienta, azafrán, cilantro, canela y arroz, los cuales penetraron el gusto de la población y se combinaron con los anteriores. Esto dio origen a mezclas abigarradas y exóticas, típicas del Barroco mexicano.

No solo estos diversos y nuevos ingredientes se volvieron indispensables para la cocina; también una serie de utensilios de metal de origen europeo, como ollas, sartenes, cucharones, tenazas, así como el vidrio. Este último, al ser mezclado con técnicas europeas y materiales prehispánicos, produjo la cerámica vidriada de San José de Gracia y las de Tonalá, Puebla o Metepec. Al igual que la elegante Talavera, adorno de las mesas de la época.

LA BEBIDA DE LOS DIOSES: EL *XOCOÁTL*

En tiempos prehispánicos el cacao se cultivaba en amplias zonas costeras de Mesoamérica, y era el fruto comercial más importante, además del maíz, pues se vendía en regiones de la actual Centroamérica, desde Honduras hasta el norte de Veracruz; por el Atlántico y desde la desembocadura del río Balsas hasta Huanacaxtle, por la costa del Pacífico.

El cacao se preparaba de diversas maneras: disuelto en agua y aromatizado con miel de abeja, vainilla y achiote, además de algunas hierbas y flores. Si se mezclaba con maíz, se le daba el nombre de *cacahuapinolli*. Se tomaba frío y era una bebida bastante amarga, no empalagosa como la conocemos hoy. Su consumo estaba reservado solo para los varones, por sus propiedades consideradas energéticas, embriagantes y afrodisíacas. Se bebía al final de los banquetes, en la guerra, y se ofrecía a los dioses y en honor de los muertos, en algunas ocasiones.

Para los pueblos mesoamericanos, el cacao tenía un importante valor simbólico, religioso y médico, pero no era una bebida democrática. Medio de comunicación con las deidades y símbolo de estatus, no cualquiera podía ingerirlo, y solo aquellos que habían sobresalido en la guerra, por ejemplo, lo tomaban sin permiso. Tampoco los *macehuales*, ni las mujeres tenían derecho a beberlo. Así, el resto de la población debía limitarse a consumirlo en ciertas ceremonias. De contravenir la prohibición, podían ser sentenciados a muerte.

La importancia de la relación entre la bebida sagrada y los indígenas no pasó desapercibida a los ojos de los conquistadores. Durante la época virreinal, el chocolate se convirtió en uno de los productos más apreciados por todos los novohispanos. Con el correr de los siglos XVI y XVII, poco a poco se fueron agregando nuevos ingredientes antes desconocidos, lo que dio como resultado una infinidad de preparaciones de la bebida. Se le agregó canela, pimienta, anís, avellanas, almendras, huevo, ajonjolí, clavo, nuez moscada, pétalos de rosa o agua de azahar, entre muchas otras. Sin embargo, el ingrediente más importante quizás haya sido el azúcar. Para finales del XVII, la receta más extendida se componía de cacao, canela, achiote, azúcar y vainilla.

Si bien había siete tipos de este fruto, y los más consumidos en Nueva España eran los de El Soconusco, Guayaquil, Caracas y Tabasco, la fecha y el lugar preciso del nacimiento del chocolate se desconocen. El origen se baraja entre Oaxaca, Ciudad Real (hoy San Cristóbal de la Casas, Chiapas) y Guatemala.

La bebida se preparaba varias veces al día en los hogares novohispanos. En los sectores más desfavorecidos se tomaba en la mañana y en la tarde, por considerarse que tenía propiedades digestivas. Para las élites, el consumo era mayor y más frecuente. Había quienes tomaban de tres a seis tazas diarias de chocolate: desayuno, almuerzo, merienda, cena y lo que ocurriera en medio, ya sabemos que la templanza no era la virtud más característica de los novohispanos.

Los palacios de la Ciudad de México tenían un salón chocolatero. Las damas se reunían a comentar ahí los más recientes acontecimientos, en torno a sendas tazas de chocolate y bizcochos, servidos por elegantes criados de librea. Lo tomaban en vajillas de porcelana china o en curiosos cocos repujados en plata, conocidos como *cocos chocolateros*.

En el caso de los conventos que también poseían un salón chocolatero, este se encontraba con frecuencia junto a la enfermería. Esto da cuenta de la cualidad reconfortante y curativa que se atribuía a la popular bebida. Para Francisco Hernández, el protomédico que Felipe II envió a Nueva España con la finalidad de conocer sobre las plantas y los animales de estas tierras, el chocolate era "de gran provecho para tísicos, consumidos y extenuados". Era tan extendido su consumo que prácticamente se le consideraba un artículo de primera necesidad y las autoridades estaban pendientes de que no surgiera un desabasto o encarecimiento del popular producto.

En esta época, los indígenas pudieron acceder por fin a la bebida sin ningún tipo de restricción, sin importar su procedencia social, mientras que los españoles y las castas aceptaron con entusiasmo y fervor el brebaje, considerado también alimento. Fue tal la afición, que se suscitó una serie de debates teológicos sobre si beber chocolate rompía el ayuno en la Cuaresma, ya que tanto monjas como religiosos lo consumían con glotonería y sin recato alguno en los días de guardar. El Vaticano tuvo que entrar a dirimir el asunto y lo zanjó al concluir que el chocolate no interrumpía el ayuno.

Las mujeres durante la visita a amigas o familiares podían tomarse hasta cuatro tazas de la humeante bebida. El enfermizo apego al chocolate de las novohispanas provocó un severo disgusto al obispo de Chiapas, quien a principios del siglo XVII se declaraba harto y fastidiado de que criados y esclavos interrumpieran a la mitad de la misa, llevando tintineantes bandejas con tazas de chocolate, panes, dulces y confites para alimentar a sus amas. Las patronas se defendían alegando que la misa era demasiado larga y sus débiles estómagos lo resentían, por lo cual les era indispensable tomar una taza de chocolate con su respectivo refrigerio. Furioso, el obispo prohibió a la feligresía consumir la bebida durante la celebración de la misa. Aquello causó un revuelo entre las mujeres que se negaban a abandonar dicha costumbre. Los ánimos se fueron calentando, el encono aumentando y las cosas complicando. El asunto terminó cuando alguien (no se supo quién) obsequió al furibundo religioso con una taza de espumoso y humeante chocolate, que le arrebató la vida. Probablemente su sucesor, conociendo el triste fin del sacerdote, optó por tolerar el tintineo de charolas, tazas y el masticar de panes, mientras celebraba el oficio divino, a cambio de conservar la vida.

OTRAS BEBIDAS

Los destilados son producto de un procedimiento traído por los españoles. El vino por su parte era caro y prácticamente solo la población española lo consumía. La preocupación de beber dos litros de agua al día tiene su origen en las últimas décadas del siglo XX. Anteriormente, el agua se bebía poco y solo de vez en cuando. Se preferían otras bebidas de alto aporte calórico o alcohólico. Conforme avanzó el siglo XVII, surgieron una gran variedad de destilados, entre los que se contaban el mezcal y el chinguirito.

Las autoridades intentaron prohibir o al menos regular y moderar su consumo entre la población indígena, principalmente, ya que se atribuía a la embriaguez una serie de vicios y delitos, como la intemperancia, la lujuria, la pereza o la ira, consecuencia de la enajenación que producían dichas bebidas.

Incluso el arzobispo Palafox sostenía que los indígenas solo incurrían en "medio vicio de gula", pues eran parcos en comer, pero lo compensaban con el desmedido consumo de pulque. Esta bebida había sido sagrada desde antes de la llegada de los españoles. Sin embargo, al igual que el chocolate, tan solo algunos tenían derecho a consumir pulque sin permiso previo en fiestas y ceremonias. Su alto contenido ritual y simbólico se fue perdiendo a partir del contacto con los europeos y de los sermones de los frailes que desaprobaban y castigaban la embriaguez.

Las autoridades intentaron controlar el consumo en las pulquerías, que estaban reglamentadas y debían cumplir con una serie de normas. No debían vender pulque en las casas, sino en lugares públicos que solo podían ser de paso, separados hombres de mujeres, y en locales abiertos, para evitar los bailes, tocamientos deshonestos, borracheras y comportamientos impropios, consecuencia de la embriaguez de los parroquianos.

En la práctica sucedía lo contrario: el pulque se servía en casas o locales ocultos a los ojos vigilantes, convirtiéndose en lugares de vicio y perdición, propicios para los bailes y coqueteos, pendencias y venta de antojitos, que una señora sentada en el suelo iba preparando mientras los músicos tocaban. Como las reglas se quebrantaban constantemente, las autoridades se veían obligadas a hacer una especie de cateos para derramar el pulque por las calles y romper los jarros y vasos, en los lugares que no tenían autorización para venderlo, práctica que nos remite a lo que actualmente hacen algunos policías con vendedores de tamales o gelatinas en la vía pública.

El pulque se administraba también con fines medicinales, pues se creía que ayudaba entre otras cosas a curar el "mal de piedra", que hoy conocemos como cálculos renales. En efecto, ya desde mediados del siglo XVI, fray Bernardino de Sahagún lo había consignado como producto curativo en su *Historia general*.

El atole de origen prehispánico era la bebida que se recetaba con más frecuencia para los enfermos, además del ya mencionado chocolate. Era sencillo de preparar; se pensaba que reconfortaba los estómagos de débiles y convalecientes, y también era consumido por los más pobres pues era muy barato, aunque nunca alcanzó la popularidad del cacao en los paladares españoles.

A FALTA DE PAN, TORTILLAS

Desde la antigua Roma, el trigo y, particularmente, el pan conformaron la dieta básica de los europeos. A su llegada a territorio mesoamericano, los españoles denominaron a la *tortilla* como "pan de maíz", y aunque pronto se habituaron a este, nunca renunciaron al de trigo.

Los primeros registros que se tienen de la siembra de ese grano son del negro Juan Garrido. Él lo introdujo en Coyoacán por órdenes de Hernán Cortés. Posteriormente, se concedieron mercedes para instalar molinos de trigo en Tacubaya y Tlatelolco. Su cultivo no era tan popular entre los indígenas, debido a su menor resistencia a las plagas, en comparación con el maíz. Además, requería tracción animal para cultivarlo y pagaba diezmo. Incluso, necesitaba sus propios edificios, como alhóndigas, pósitos y molinos, para obtener y almacenar la harina. En cambio, el maíz se sembraba con una coa, no requería animales y estaba libre de impuestos. Fue necesario que los españoles recibieran mercedes de tierras, agua e indios de repartimiento para sembrarlo en el valle de Toluca, el Bajío y en la región de Puebla. Así, esta última y posteriormente la región del Bajío se convirtieron en los principales abastecedores de grano durante el virreinato.

En un principio, solo los españoles eran panaderos; sin embargo, los indígenas también incursionaron en el oficio, debido a la creciente demanda y la falta de personal suficiente.

Como el resto de los productos, debía venderse en mercados y locales establecidos, para que los verificadores pudieran cerciorarse de que su peso y precio eran los correctos. Los indígenas burlaban los reglamentos vendiendo el pan en sus casas o por las calles para eludir el pago de multas o derechos.

Poco a poco, el gusto por este alimento fue penetrando las diversas capas sociales hasta hacerse parte importante de la dieta diaria de los novohispanos de todas las procedencias sociales. Había de diversos tipos, el más apreciado era el pan blanco o "floreado", de harina cernida o flor de harina sin cáscaras, que era blanco y pesaba poco por ser esponjado. El más barato, considerado de menor calidad, era el pan *baxo* o pambazo, preparado con los restos de la harina. Contenía las cascarillas o se mezclaba con otros granos, como el centeno, lo cual lo hacía más denso, pesado y por ende más barato.

También se horneaba el bizcocho indispensable para abastecer a los barcos de la Carrera de Indias y a los reales mineros.

El gremio de panaderos era regulado por ordenanzas, como todos los demás oficios. Se estableció que debía cobrarse un real por cada siete libras de pan. En caso de incumplimiento, los panaderos debían entregar el producto y pagar una multa si eran españoles, los indígenas recibían 30 azotes o solo debían entregar el pan adulterado, sin pagar multa, según la gravedad de la falta. A veces se mezclaba harina con trigo de mala calidad, agorgojado, chupado, desmedrado, picado o mojado, debido al uso de telas menos gruesas que provocaban que la harina estuviera insuficientemente cernida.

La ley, como en todos los ámbitos de la vida virreinal, siempre estaba sujeta a la consideración del juez. En alguna ocasión el virrey mandó a la cárcel a varios miembros del cabildo, quienes habían aceptado un jugoso soborno que ascendía a 800 pesos diarios por parte de los panaderos. Estos pretextaron escasez de trigo y como consecuencia vendían hogazas de pan de menor peso al establecido por la ley. El virrey personalmente visitó molinos y panaderías y descubrió el ardid, ya que el trigo sobraba.

Uno de los motines más importantes del periodo virreinal fue el de 1692. El denominado Motín de Pan hundió sus raíces en la escasez de trigo y maíz, que ocurrió debido a dos situaciones. La primera fue que los comerciantes escondieron los granos para obtener cuantiosas ganancias, impulsados por la segunda causa: la pérdida de cosechas que las inundaciones y plagas ocasionaban (como el *chahuistle* o pulgón del maíz), razón por la que el grano alcanzó precios exorbitantes. La especulación desató tal enojo que, un domingo, los encargados de repartir el maíz en la alhóndiga, que estaba abarrotada de quejosos, golpearon a unas indias y el polvorín estalló.

Los inconformes que se contaban por miles (indígenas, mestizos, mulatos y españoles empobrecidos) prendieron fuego al palacio virreinal y a los cajones de los mercaderes del Parián en el actual Zócalo de la Ciudad de México. Aunque el motín duró unas cuantas horas, los estropicios fueron considerables y los castigos implacables. A unos se les condenó a la horca, a otros los fusilaron, y a unos más los azotaron. Al día siguiente el virrey ordenó que se repartieran maíz y trigo gratuitamente.

POSTRE Y VINO, BORRACHO FINO

En temas menos amargos, diremos que la costumbre de comer el postre azucarado al final de las comidas es bastante reciente. Los dulces se consumían casi a cualquier hora y no necesariamente al final de la comida, como indica la designación *postre* (del latín: "que viene después"). El hábito de comer en tres tiempos (entrada, plato fuerte y postre) es una moda que se impuso en Francia hacia finales del siglo XVIII. Antes no importaba tanto el orden de los platillos, como la abundancia y extravagancia con las que se preparaban y presentaban.

El azúcar se desconocía en América antes de la llegada de los españoles. La caña es un cultivo de la región de Siria, norte de África y Asia Menor. En tiempos prehispánicos se utilizaba la miel de abeja en algunas preparaciones, pero no era de consumo regular ni para todos los habitantes.

El clima de las Antillas se reveló como ideal para el cultivo de la caña, que requería grandes zonas húmedas y abundante mano de obra, en especial al momento de la cosecha. Como ya se mencionó antes, Cortés vio la posibilidad de sembrar cañaverales en las regiones de Veracruz y Cuernavaca, cuyo clima era idóneo para la planta.

El gusto por el dulce atravesó todos los sectores sociales de Nueva España. Su consumo se materializó en una serie de preparaciones cuyo origen se ubica principalmente en los conventos femeninos, que fabricaban todo tipo de delicias para sus familiares, benefactores y amistades. Incluso, en algunos casos, para venderlos en el torno del convento. Se preparaban ates, jamoncillos, rosquillas, bizcochos, almíbares, cajetas, huevos moles, tocino de cielo, yemitas, alfajores, compotas, balsámicas, mazapanes, antes, mermeladas, jaleas y frutas confitadas, y un sinfín de recetas conventuales que se han conservado hasta nuestros tiempos.

La comida virreinal y, particularmente, los dulces, no existirían sin los ingredientes asiáticos que rápidamente se hicieron un lugar en el paladar de los novohispanos: el arroz, la canela, la pimienta, el clavo, el azafrán, las nueces y las almendras. Y los alimentos europeos, como el huevo, el membrillo, el higo, las pasas, la pera o el durazno, y los derivados de la leche y los nativos, como el piñón o la vainilla.

Las recetas parecerán algo peculiares hoy en día, pues mezclaban ingredientes que en la actualidad no se incorporan en un dulce o postre, como una pechuga de pollo, y cuyos tiempos de preparación son quizá demasiado largos para la premura en la que vivimos. Por ejemplo, un dulce muy popular era el manjar real, que tardaba dos días en prepararse y cuyos ingredientes eran una libra de almendras, dos libras de azúcar, una o dos pechugas de gallina, además de almíbar de medio punto, mamón (bizcocho parecido a la mantecada que se utilizaba en muchas preparaciones), miel al gusto y huevos moles (especie de natilla con huevo, vainilla, azúcar y agua). Las cantidades eran calculadas al tanteo y gracias a la experiencia adquirida, porque no siempre se conservaban las recetas por escrito. Primero se preparaba el mamón y posteriormente el almíbar que se dejaba enfriar. Se molía la libra de almendras, se añadían al almíbar y la mezcla se cocinaba al fuego. Por otro lado, las pechugas de gallina se molían y cocían sin sal para después lavarlas. Al día siguiente se colocaba en un recipiente el mamón rociado con miel, una capa de la mezcla del almíbar, otra de pechuga, otra de mamón y otra de huevos moles, y así hasta llenar el platón.

Los dulces conventuales cobraron fama y competían por ser los mejores del reino. Para celebrar la fiesta de San Hipólito, patrono de la Ciudad de México en 1617, se encargaron numerosas confituras a diversos conventos, como mazapanes de almendra y de acitrón, colación, peras, naranjas y calabazas cubiertas, pastillas de boca doradas, fruta de horno, orejones de durazno y botellas de agua de olor de primorosa hechura, con distintas formas y adornos, como flores y pájaros, que eran muy costosas y apreciadas por los novohispanos.

El tabaco, de origen antillano, pero conocido por los mexicas bajo el nombre de *yetl*, era consumido por sus propiedades para alejar el mal. Se creía que era curativo y se masticaba con cal o se aspiraba quemando la hoja (el papel de arroz con el que los cigarros se fabricaron posteriormente proviene de Asia). Antiguamente, su consumo estaba reservado únicamente para los hombres, al igual que el chocolate, pero al contacto con los europeos, aquella situación cambió radicalmente. Durante el periodo virreinal fumar fue una actividad social que se hizo cada vez más popular entre las mujeres; así, en las reuniones de los sectores privilegiados, los criados ofrecían en bandeja de plata cigarros y un braserito también de plata muy elegante para que la concurrencia pudiera encenderlos.

DE LO QUE NO CUESTA, LLENA LA CESTA

E ra menester ir diario al mercado para proveerse de lo necesario y preparar las comidas del día. Todos los barrios indígenas tenían una iglesia y una plaza en la que se instalaba el mercado o tianguis varios días a la semana. En el caso de la Ciudad de México, diversos bastimentos llegaban a Chalco, desde donde se conducían en canoa por la Acequia Real, un canal que llegaba hasta el centro de la ciudad (la actual calle de Corregidora a un costado de Palacio Nacional).

En el portal de los Evangelistas, en la plaza de Santo Domingo, había puestos de chocolate, atole, dulces, carne y pescado. En el portal de Mercaderes se vendían productos importados, como vino, vinagre, aceite y aceitunas. En las casas del cabildo se vendía carne, y había varios mercados distribuidos por toda la ciudad, como el de Vizcaínas, el del Volador, el de Santa Catarina, San Lucas y el de la Cruz del Factor, por mencionar solo algunos. El más famoso era el del Parián, llamado así por su homónimo de Filipinas, compuesto por cajones de madera y tiendas de taza y plato. Arriba eran bodegas, y en la parte baja se vendían productos de todo tipo, como lácteos, granos, animales y las mercancías llegadas en el galeón de Manila: sedas, mantones, crucifijos, porcelanas, cofres y baúles, que eran su principal atractivo.

Otro de los grandes componentes del mercado eran los puestos de comida: fritangas, atole, buñuelos y tamales que se consumían al salir de la misa en Catedral o de alguna de las numerosas iglesias aledañas. Mientras se mordisqueaba un buñuelo, se tijereteaban reputaciones, haciendo eco de la "voz y fama", o sea, el rumor y la maledicencia. El famoso mercado ardió durante el antes mencionado motín de 1692, pero fue rápidamente reconstruido. Pervivió 150 años más hasta que Antonio López de Santa Anna ordenó su demolición en el siglo XIX.

Quienes tenían los recursos económicos hacían cinco comidas al día. Temprano en la mañana se tomaba chocolate con pan recién hecho. A las nueve, se almorzaba algo más fuerte, como un caldo o un guisado de carne y frijoles. A las once, un tentempié con chocolate. A la una, la comida fuerte con otro sustancioso caldo o varios platillos con carne de cabrito, ternera, cerdo, guajolote, gallina, res, o una mezcla de los anteriores, además de frijoles, legumbres, pan, tortillas, frutas y dulces. A las cinco de la tarde se comía otra vez, algo de pan con una buena taza de chocolate. Y para concluir el día, una copiosa cena que incluyera nuevamente varios tipos de carne, verduras, caldos, pan y tortillas.

En un banquete ofrecido por el virrey don Antonio de Mendoza y Hernán Cortés, se sirvieron en vajillas de oro y plata, manjares para 500 invitados. Para abrir boca se instalaron mesas con enormes cantidades de fruta variada y guajolotes con las patas plateadas y los picos dorados. Cientos de mayordomos, pajes y criados trajinaban por la casa del virrey, llevando bandejas de ensaladas, cabritos, perniles de tocino asados, pasteles de codorniz, palomas, gallos de papada, gallinas rellenas, manjar blanco, pepitoria, torta real, pollos y perdices de la tierra, codornices en escabeche, aves de caza y pescado, nabos, coles y garbanzos, que ya nadie comió. Lo más importante no era la calidad de las preparaciones, sino la cantidad, el exceso, la necesidad de mostrar abundancia, riqueza, boato y derroche tan propios de la cultura del Barroco virreinal.

Como las casas no tenían un espacio para el comedor, tal y como lo conocemos ahora, con frecuencia se utilizaban biombos decorados para dividir el espacio de la cocina. En el caso de las grandes celebraciones, la comida se servía en salones o galerías en los que se instalaban largos tablones cubiertos de fina mantelería de lino o algodón con encajes. O departían al aire libre, bajo toldos o *velas*, como se les llamaba a las cubiertas de tela que se colocaban para proteger a los comensales de las inclemencias del tiempo.

QUIEN DE LAS FIESTAS HA DE GOZAR
DESDE LA VÍSPERA HA DE EMPEZAR

Uno de los estereotipos más extendidos en el imaginario del mexicano es que en Nueva España era un lugar aburridísimo donde solo se dedicaban a la rezadera. No había nada que hacer salvo ir a misa, vestirse de negro y esconderse de la malvada Inquisición, que poco había de festivo y casi nada de diversión. La documentación nos muestra todo lo contrario. El temperamento jovial y el gusto por el lujo y la ostentación fueron características tanto de indígenas como de españoles, negros, mulatos y castas, sin importar su jerarquía o extracción social. Todos participaban con entusiasmo, y se mezclaban distintas tradiciones y elementos de diversas culturas.

La participación de la gran variedad de sectores en las diversiones públicas y las festividades religiosas y civiles, que se encontraban íntimamente reguladas por las autoridades, ayudaba a mantener un pacto en el que cada grupo social ocupaba un determinado lugar y desempeñaba las funciones que le correspondían; asimismo, aliviaba las tensiones inherentes a una sociedad tan profundamente jerárquica y a la vez tan variopinta y compleja.

La pasión generalizada por el lujo desmedido y el boato fue aprovechada por la Iglesia, que promovió la elegancia y la riqueza desbordada en el adorno de las imágenes, no en balde usamos la expresión "las perlas de la Virgen" cuando nos piden algo costoso o desmedido, y en su correspondiente veneración en la observancia de las fiestas. Tales eran los casos de la canonización de un santo, el recibimiento de alguna reliquia (ya fuera un hueso de San Zenón, pedazos de la cabeza de San Pancracio o restos del manto de la Virgen María), los festejos de conventos y monasterios, o el de las fiestas patronales de gremios y cofradías, así como un examen de doctorado en la universidad, por mencionar solo algunos.

En relación con este asunto, el cronista Balbuena nos dice que:

> *Recreaciones de gusto en qué ocuparse,*
> *de fiestas y regalos mil maneras*
> *para engañar cuidados y engañarse;*
>
> *conversaciones, juegos, burlas, veras,*
> *convites, golosinas infinitas,*
> *huertas, jardines, cazas, bosques, fieras;*
>
> *aparatos, grandezas exquisitas,*
> *juntas, saraos, conciertos agradables,*
> *músicas, pasatiempos y visitas;*
>
> *regocijos, holguras saludables,*
> *carreras, rúas, bizarrías, paseos,*
> *amigos, en el gusto y trato afables…*

Si bien es cierto que cualquier pretexto era bueno para organizar una fiesta, eso del gusto y el trato afables sabemos que no siempre fue así. En medio de una fiesta o celebración, si surgía alguna desavenencia, accidente o imprevisto, el asunto podía escalar de inmediato y llegar a las manos o solo interrumpirse el festejo. Dramática fue la bienvenida del recién nombrado arzobispo fray García Guerra, pues mientras hacía su entrada a la Ciudad de México un volador (como los de Papantla, pues era costumbre mostrar las proezas de los voladores a los recién llegados), desafortunadamente se soltó del palo y fue a aterrizar despanzurrado casi a los pies del religioso. Después de unos instantes de desconcierto y horror, la fiesta continuó sin mayores contratiempos.

Un caso menos tétrico, aunque con su dosis de sangre, fue el paseo de los marqueses de Villamanrique por Xochimilco. Los invitados jugaron a arrojarse elotazos de una trajinera a otra y, sin querer queriendo, el provincial de los franciscanos (es decir, el jefe de la orden) le atinó a la nariz de un caballero, ocasionándole un profuso sangrado.

Las celebraciones eran muy costosas y las corporaciones competían en suntuosidad y lujo. Lo que ocasionaba que los gastos se convirtieran en una pesada carga para los bolsillos de particulares, pero también para las cajas reales.

Cuando, por ejemplo, llegaba la noticia del nacimiento de un infante en España y el virrey no estaba dispuesto a absorber todo el desembolso de la fiesta correspondiente, llamaba a algunos mercaderes para que apoquinaran. Pero los interpelados respondían que estaban enfermos, que eran ancianos, que ya no podían montar a caballo, que andaban de viaje, etcétera. Así que, fastidiados, los miembros del cabildo o el propio virrey imponían multas para quienes no "pudieran" participar en las celebraciones.

Otra de las festividades más populares y menos solemnes fueron las mascaradas, o *máscaras*, como se les llamaba comúnmente. Ya desde los primeros años después de la conquista dichas representaciones se habían convertido en una diversión generalizada. Por lo cual era necesario tramitar una licencia para poder llevarlas a cabo, pues con frecuencia, so pretexto del jolgorio, sembraban el desorden.

Martín, el hijo de Hernán Cortés y fallido conspirador, organizó una fastuosa mascarada hacia 1565, antes de caer de la gracia del rey. En esta simuló con toda solemnidad, elegancia y derroche, la entrada a la gran Tenochtitlan y el encuentro de su padre con el emperador Moctezuma. El desfile se componía de numerosas personas disfrazadas de personajes históricos (el conquistador extremeño y el *tlatoani*), de personajes bíblicos o mitológicos, de alegorías de las virtudes y vicios, de planetas o de criaturas fantásticas con los pies hacia arriba, o como pájaros enormes, tigres, serpientes, tortugas o camellos. Probablemente tal despliegue de evocaciones, poder y arrogancia también desagradó y alertó a las autoridades virreinales, pues ya corrían rumores de una conspiración entre los hijos de los conquistadores para levantarse contra la Corona española. En efecto, al año siguiente se le acabaron las oportunidades de hacer pachangas al segundo marqués.

Las mascaradas eran llamativas y extravagantes. Desfilaban personajes de novelas de caballería, como *Amadís de Gaula* o *Palmerín de Oliva* y el Quijote de Cervantes, además de los eunucos Ardián y Bucendo, montados en sendas avestruces.

Hombres a caballo y a pie recorrían la ciudad, ya fuera de día o de noche, con lo que se encendían cientos de antorchas que daban a las calles un resplandor y brillo que causaba el inusitado regocijo y admiración de los espectadores. Había mascaradas a lo *faceto* (que eran representaciones solemnes) y a lo *ridículo*, en las que incluso las mujeres se vestían de hombres y viceversa. Tales espectáculos que con frecuencia satirizaban a las autoridades y hasta podían ir al extremo de la vulgaridad, eran tolerados. Esto revela una cierta libertad que podría parecer sorprendente en la sociedad barroca; así sucedió en una mascarada en Puebla, donde se exhibió una carroza con personajes disfrazados del virrey y la virreina, quienes eran severamente castigados mientras recibían insultos y burlas por las calles. Todos los grupos sociales participaban con entusiasmo. Desde los más humildes hasta los sectores más privilegiados: hombres, mujeres, negros, esclavos, mulatos, mestizos, indígenas, órdenes, gremios, cofradías y, por supuesto, el clero y las autoridades civiles.

En Querétaro se realizó una mascarada que comenzó con el desfile de "montaraces chichimecos", que tenían las caras pintadas y vestían taparrabos, mientras gritaban y blandían arcos y macanas. Posteriormente desfiló una compañía de infantería perfectamente coordinada, que disparaba al unísono y marchaba con un compás perfecto. Ahí se percibe el marcado contraste entre lo que la sociedad consideraba bárbaro o salvaje y el modelo a seguir de disciplina y concordancia. Al final, desfilaron los "antiguos señores mexicanos", como se denominaba a los *tlatoque*, ricamente vestidos, aderezados con piedras de colores y enormes penachos de vistosas plumas. Cuitláhuac, Cuauhtémoc, Nezahualcóyotl, Izcóatl y Ahuizótl, entre otros variados personajes de la nobleza mexica en tiempos de la Conquista, pasearon por las calles y cerró la marcha la personificación del emperador Carlos V, con sus armas bordadas en oro y pavonadas en negro, con un caballo al que habían disfrazado de Pegaso con enormes alas.

En otro extremo del enorme territorio, en Chiapas, cuya geografía está surcada por ríos, los religiosos entrenaron a los indígenas para representar batallas navales con variados fuegos artificiales, dardos, lanzas y espadas, entre otras armas. Mientras personificaban a los dioses griegos de la Antigüedad clásica, como Eolo y Neptuno, y sostenían furiosos combates entre numerosos barcos, también construidos por los mismos nativos. Asimismo, enseñaron a los indígenas a fabricar torres y castillos de madera y a pintar telas con elaborados diseños y vistosos colores.

En fin, pues que los recursos utilizados eran bastante más didácticos y coloridos que nuestras cartulinas de los lunes de honores a la bandera.

Conscientes de la importancia de la música en los rituales prehispánicos, los frailes y las autoridades civiles permitieron y aun promovieron que todas las celebraciones se acompaña-ran con variados instrumentos musicales, como atabales, trom-petas, chirimías, sacabuches, flautas y tambores que llenaban el aire de sonidos rítmicos, musicales y con frecuencia estruendo-sos. Sumada a la tremenda algarabía, los fuegos artificiales tam-bién eran indispensables en toda celebración virreinal.

Durante todo el año había una serie de festividades tan-to religiosas como civiles, esperadas y preparadas con mucho entusiasmo por los novohispanos. Como ya se ha menciona-do, la llegada de un virrey merecía toda la fastuosidad posible, ya que era el *alter ego* del rey. Eso implicaba que desde Vera-cruz hasta la Ciudad de México, los pueblos y villas adecuaran habitaciones, obsequios, banquetes, festejos y acompañamien-to para el virrey y su comitiva, que se componía de numerosos empleados, asistentes, familiares y criados. Se construían visto-sos arcos triunfales con telas, madera y cartones pintados, los cuales representaban motivos vegetales y animales, de batallas, pasajes de la biblia o genealogías que exaltaban el rancio abo-lengo y orgulloso linaje de los antepasados del virrey. Siem-pre, gracias a la mano habilidosa de los artesanos indígenas. Por ejemplo, para el recibimiento de don Luis de Velasco, el cabildo ordenó que la Plaza Mayor (ahora Zócalo) se llenara de árboles, flores, conejos y venados. Durante semanas aquellos artesanos se esmeraron en construir y decorar arcos efímeros que darían la bienvenida al nuevo virrey o arzobispo. Recordemos que con frecuencia los dos cargos recayeron en una misma persona, como fue el caso de don Juan de Palafox, Pedro Moya, Francis-co García Guerra o don Juan de Ortega Montañés.

Las ciudades y pueblos por donde pasaría la comitiva se adornaban con telas, tapices y colgaduras, flores en el piso y en las iglesias, candelabros y antorchas encendidas, un desplie-gue de color y de abundancia. Dichos recibimientos se paga-ban de las cajas de los ayuntamientos y del peculio de personas principales, que aportaban algún entretenimiento (toros, fuegos artificiales, etcétera). Así, los indios de Tlaxcala regalaron al virrey marqués de las Amarillas un caballo con las crines rizadas, completamente pintado de azul, y la pintura solo se caía con agua muy caliente. Pobre animal.

El gasto de las celebraciones era increíblemente oneroso. Se contaba en miles de pesos en atuendos, adornos de cabalgaduras, cortinas, sedas, sueldos, mano de obra, materiales, comida, etcétera. Y a pesar de que la Corona intentó reiteradamente que el gasto fuera más mesurado, los novohispanos insistían en la fastuosidad de las fiestas que debían ofrecer a los recién llegados, porque lo cierto era que la llegada del virrey no era un acontecimiento muy frecuente.

El cumpleaños del virrey también se celebraba con desfiles y mascaradas, como la que organizaron los negros y mulatos de la capital para el conde de Alba de Liste, quienes se disfrazaron de caballeros españoles con elegantes ropajes y rodearon orgullosos la ciudad a caballo en honor del virrey.

La partida de los virreyes era también un evento importante y, en los casos de virreyes que habían realizado una mala gestión, un alivio y regocijo. Pero tratándose de personajes queridos por los novohispanos, como el conde de Monterrey, los vasallos los acompañaban con pesar. Como los indios que llenaban el aire con alaridos en señal de congoja y sentimiento.

Los mitotes, del náhuatl *mitoti*, que quiere decir "bailarín", eran divertimentos muy gustados, en los cuales los danzantes formaban un círculo, vestidos con llamativos atuendos, mezcla tanto europea como nativa, y bailaban en torno a una vasija y una bandera, al tiempo que bebían pulque. Aunque dicha práctica fue despojada de su sentido ritual e idolátrico, se conservó como un vehículo más de regocijo, festejo y recibimiento de diversas personalidades que arribaban al territorio novohispano.

Entretenimientos más cotidianos daban vida a los pueblos y las ciudades, como los bailes y la música que sonaba por las calles durante el paseo de altares e imágenes para las que se iba pidiendo limosna. Las autoridades eclesiásticas prohibían dichas prácticas que carecían de la solemnidad requerida y terminaban en puro desfiguro, pero con escasos resultados.

Mucho antes de que el futbol hiciera su aparición en la escena nacional, como el entretenimiento más popular por antonomasia, una de las primeras diversiones que llegaron a Nueva España, y pronto se instalaron en el gusto de los habitantes, fueron las corridas de toros. Fue Hernán Cortés quien, en 1529 para celebrar la fiesta del santo patrono de la capital novohispana, organizó una corrida en la Plaza Mayor con siete toros. Tiempo después las corridas se organizaban en la plazuela del Marqués, entre las calles de Seminario y Empedradillo, ocupando gran parte del espacio donde hoy se yergue la Catedral Metropolitana, mientras que los corrales para resguardo de los animales se colocaban frente al actual Monte de Piedad. Poco tiempo después, la instalación del mercado del Parián dificultó la realización de corridas en la Plaza Mayor, así que se designó la Plaza del Volador para dicho entretenimiento. Los mejores balcones estaban reservados al virrey, al arzobispo, al cabildo, a los miembros del Santo Oficio y a la crema y nata de la aristocracia. En algunas ocasiones se organizaron corridas incluso en los patios interiores del palacio virreinal.

Se organizaban corridas de toros pagadas del bolsillo de algunos prominentes miembros de la élite virreinal, como los condes de Santiago de Calimaya y de Orizaba.

Algunos hombres, miembros de la nobleza, montados a caballo demostraban su destreza y bravura para torear a los animales. Tiempo después se instalaron más formalmente cosos de madera cuadrangulares y desarmables que se montaban según la ocasión que se festejara y el lugar, como la plaza de los marqueses de Santa Fe, la plazuela de San Diego o el Palacio de Chapultepec. Pero no solo había corridas en la capital, sino también en Veracruz, Pátzcuaro, Durango, Aguascalientes, Tabasco y Real de Catorce. La construcción de la plaza se sacaba en subasta pública al mejor postor y las ganancias eran tales que el cabildo las utilizó para solventar los gastos del recibimiento de algunos virreyes que, como vimos, eran bastante onerosos. Aunque entre 1791 y 1792 no hubo postores y no se pudo realizar la temporada durante aquellos años.

Conforme avanzó el siglo XVIII, la conformación de las plazas fue cambiando a ochavada y después a circular con el toreo a pie, que involucró ya no a los caballeros rejoneadores, sino también a profesionales que se dedicaban por completo al oficio de torear.

La temporada duraba entre dos y tres semanas. La capacidad de los cosos era muy variable, desde uno que se construyó en Guadalajara para 500 personas hasta otro en la Ciudad de México que alcanzó los 12 mil asistentes. Estaba prohibido que a esas diversiones acudieran religiosos y que el público fumara o escupiera, sin embargo, en la práctica fue imposible que las normas se respetaran a la letra. En los pueblos o ciudades más pequeñas se cerraban las bocacalles con trancas y tablajería para evitar la fuga de los animales y se colocaban tablados para que los espectadores pudieran disfrutar de la fiesta.

Las peleas de gallos también se popularizaron. Llegaron a Nueva España desde sus inicios, algunos dicen que por el Pacífico, ya que eran muy gustadas en Filipinas. Aunque el espectáculo no estaba prohibido, poco a poco las autoridades trataron de controlarlo con un impuesto e intentaron regular ciertas prácticas consideradas delictivas, como el caso del vagabundaje de amarradores y soltadores que, en lugar de establecerse y desempeñar un oficio fijo, como señalaban los valores del buen cristiano y la moral, andaban de palenque en palenque, de una ciudad o villa a otra sin sujetarse al orden. Asimismo, se suscitaban episodios escandalosos, como borracheras, riñas, trampas y convivencias inapropiadas entre hombres y mujeres, que causaban el desagrado y la preocupación de las autoridades.

Otros entretenimientos que llegaron al lado de los españoles fueron los juegos de cañas. Estos torneos, parecidos a los que se ven en las películas de Hollywood que retratan la Edad Media, consistían en el combate de hombres diestros en el manejo de la espada y la lanza, quienes elegantemente vestidos con libreas de seda y telas de oro y plata, realizaban el espectáculo a caballo. Así ocurrió en el bautizo de los nietos de Hernán Cortés cuyos festejos, como ya lo vimos, incluyeron fastuosos y opíparos banquetes, combates, mascaradas, música y desfiles, y se prolongaron una semana.

En algunas ocasiones, se montaban bosques enteros con diversas aves y flecheros que, como parte del espectáculo y la ambientación, cazaban conejos, liebres, venados y codornices.

También se hacían torneos fastuosos y creativos con disfraces de animales, como tortugas, águilas y serpientes. Tal y como aconteció en un festejo de la universidad, a finales del siglo XVII, en el que los asientos para ver el espectáculo llegaron a costar un peso.

El teatro fue un medio muy importante para acometer la evangelización de los indios, como ya vimos, y como entretenimiento; también sirvió como un vehículo de transmisión de los valores occidentales. De ahí que se buscara que fuera lo más vívido posible, utilizando recursos de todo tipo: visuales, auditivos y olfativos. En algunas representaciones se utilizaban zancos, máscaras, fuego y explosiones para transmitir el mensaje de manera más contundente.

Como se mencionó antes, las mujeres estaban excluidas de participar como actrices en dichos montajes; en cambio, los hombres tenían una cierta libertad para realizar la escenografía, la confección del vestuario, así como la coordinación de los bailes y cantos con los que se producían las obras.

El teatro profano se representaba en carros y plazas o en corrales de comedias también llamados coliseos. En la Ciudad de México, uno de estos se ubicaba en un espacio adyacente al hospital de San José de los Naturales, que se beneficiaba de la renta del lugar para las diversas compañías teatrales. Cualquier grupo histriónico que quisiera montar alguna representación debía contar con los permisos necesarios, pero, sobre todo, podía presentarse solo en ciudades y villas que no tuvieran corral o coliseo, para evitar que compitieran.

Las obras no tenían un carácter pedagógico, sino de conmemoración y entretenimiento. Se representaban en fiestas importantes, como la de Corpus Christi o San Hipólito.

El cabildo de la ciudad pagaba a un autor (que no era el que escribía la obra, si no más bien una especie de productor), quien determinaba las representaciones a montar y con qué actores. No existían las escuelas de actuación ni de danza en Nueva España, de manera que los intérpretes eran aficionados con cierto talento, cuyas actuaciones les permitían llevar una vida más o menos decorosa, pese a que la reputación de los miembros de las compañías teatrales no era la mejor.

Conforme avanzó el siglo, surgieron otros tipos de teatro, como el conventual. Las monjas dentro del claustro lo representaban para personajes prominentes, como el virrey, la virreina y sus allegados. Esas puestas en escena no eran de contenido didáctico, sino más bien laudatorio o circunstancial: se hacían para alabar a los benefactores o solicitar algún favor o merced.

Por otra parte, la celebración de la Navidad no incluía la horrible ensalada de manzana, el controvertido bacalao ni el consabido arbolito. En la Nochebuena, la gente colocaba en las ventanas de sus casas una Virgen de bulto, así como pinturas con motivos religiosos. Encendía antorchas y candelabros que iluminaban profusamente las calles como si fuera de día. En los cruceros, negros, mulatos, mestizos e indios rezaban el rosario a gritos y de rodillas por toda la ciudad, ante la mirada reprobadora de las autoridades, que intentaron eliminar o al menos mitigar esos comportamientos que consideraban indecorosos.

Se cantaban villancicos en las catedrales de la Ciudad de México y Puebla. Algunos compuestos por Sor Juana Inés de la Cruz, por ejemplo, como los villancicos de negro o "negrillas", que imitaban el "hablar guineo" de los africanos y a través de los cuales se les describía como seres inocentes y devotos que acudían con fervor a celebrar la llegada del Mesías. Dicho género tenía sus orígenes en España, pero aquí se recibió y adaptó con mucho entusiasmo. Así eran los villancicos que se entonaban en Catedral, hacia 1679, y que muestran el diálogo entre dos negras:

> *Flasica, naquete día*
> *qui tamo lena li glolia*
> *no vindimo pipitolia*
> *pueque sobla la alegría:*
> *que la señola Malía*
> *a turo mundo la da.*
> *¡Ha, ha, ha!*

Otro tipo de diversiones marginales se llevaban a cabo lejos de los grandes centros urbanos. Tales espectáculos se nutrían de la presencia de diversos comediantes, malabaristas y titiriteros que iban por los pequeños pueblos y villas realizando presentaciones sencillas pero populares, al alcance de todos. Se tienen registros de personajes, como un extranjero que se sacaba de la boca lechugas, rábanos, vino y agua de azahar, entre otros comestibles. También había arlequines y volantines que ejecutaban piruetas y maromas, como el canario Francisco de Morales, diestrísimo en ese arte según sus coetáneos. Algunos otros se movían en los márgenes de las ciudades y de la ley, y representaban espectáculos modestos para públicos muy reducidos, como el titiritero negro Miguel Rojas, quien durante un año recorrió enteramente a pie el camino entre Guatemala y Oaxaca, con la sola compañía de un niño mulato que lo asistía en el "oficio de la maroma".

Por último, hay que mencionar los autos de fe inquisitoriales que, aunque no eran una festividad como tal, fungían como ceremonias solemnes, para el escarmiento de los fieles, el arrepentimiento de los pecadores, el entretenimiento de los aburridos y la ganancia de los comerciantes. En el quemadero de la Inquisición, instalado a un costado de la Alameda, a las afueras de la capital novohispana, se ejecutaban las sentencias de muerte por garrote (ahorcamiento) o por fuego de aquellos reos encontrados culpables de herejía, aunque hay que decir que los quemados fueron en realidad pocos, menos de 50 personas en 300 años de existencia del tribunal.

Semanas antes de la celebración del auto, la ciudad se sumía en un frenesí de preparativos, como la instalación del tablado, para llevar a cabo las ejecuciones; de los toldos, para proteger a las autoridades de las inclemencias del tiempo; y de los puestos de comida y bebida que los vendedores acomodaban por las calles con la intención de sacar provecho de los miles de espectadores que, movidos por la promesa de indulgencias o por el morbo, acudían de los lugares más remotos del virreinato a presenciar la ruina y la ignominia de los infractores, en un espectáculo que duraba el día entero.

EPÍLOGO
Tiempo pasado nunca más tornado

S i bien el mundo virreinal es mucho más amplio y abarca infinidad de temas, además de los aquí conversados, mi intención ha sido dar una visión general de todo eso que nunca apareció en las monografías de la papelería, y menos en las efemérides patrióticas tan queridas por los gobiernos posrevolucionarios, y que, sin embargo, forman parte esencial de la historia, identidad, memoria y pasado de los mexicanos. Como nación independiente, México tiene apenas 200 años de vida; poco o nada se nos enseñó de ese larguísimo "antecedente", o si se quiere, "gran paréntesis" que fue Nueva España y que duró la friolera de 300 años.

Tendemos a imaginar el pasado virreinal en blanco y negro, del mismo color que las vestiduras de la nobleza española del siglo XVII. En realidad, el mundo novohispano se componía de un amplio abanico de colores y matices, que comprendía la apariencia y el origen de sus habitantes, así como las fiestas, la comida, la vestimenta, la arquitectura, la política y la religiosidad, entreverados en la convivencia; es decir, en las manifestaciones sociales y culturales que dieron un carácter peculiar a dicha sociedad.

La documentación nos permite atisbar un mundo en el que los golpes e insultos entre funcionarios eran parte de la vida cotidiana, y las relaciones entre los diversos grupos sociales eran a veces conflictivas, fraternas, ambivalentes, contradictorias o complejas.

Cuando se habla de mestizaje no es solo un tema que tiene que ver con la mezcla de razas o grupos étnicos: significa complejidad. Y va más allá de lo racial. El mestizaje se generó y sostuvo sobre la base de intercambios, malentendidos, negociaciones y contaminaciones de los distintos grupos, sin que hubiera una regla que así lo estableciera. Era parte del devenir cotidiano de los individuos.

La diferenciación de los espacios laborales y de vivienda, privados y públicos, fue una innovación de la modernidad. Tal y como lo hemos visto, la división entre la vida pública y la privada en los siglos virreinales no era tan tajante. Aunque parece que ahora volvemos a eso mismo con las redes sociales, con la necesidad imperiosa de compartir públicamente momentos que hasta hace 20 años considerábamos íntimos.

Esas divisiones que ahora parecen tan naturales, como si siempre hubiesen existido, no eran una preocupación ni un principio rector de los individuos. Mantener en privado ciertas acciones es una invención de la modernidad y de la moral burguesa que irá también sensibilizando y modelando los comportamientos conforme a nuevos cánones. Antiguamente, el hogar era parte del taller de un artesano, o un lugar compartido no solo por parientes y allegados, sino por arrimados, amigos, huérfanos y un largo etcétera. Asimismo, se permitía que algunos pobres, viudas y huérfanos habitaran los entresuelos, resquicios o covachas de las oficinas burocráticas, situación que ahora nos parecería extraña, aunque sabemos que en México hasta lo más inverosímil es posible.

El baño y el WC, ahora espacios íntimos en las casas, o no existían o se usaban las letrinas comunes. Para los más afortunados, el sanitario era una bacinica de porcelana o plata que se usaba por las noches y se vaciaba por las mañanas.

En la proximidad de los cuartos y zaguanes era posible escuchar los pleitos de los vecinos, las trifulcas familiares, descubrir los amoríos ilícitos, las componendas o intuir los delitos inquisitoriales. La privacidad era muy difusa. La mayor parte de la vida transcurría en las calles, plazas, mercados e iglesias. Había que recogerse en la casa cuando se ponía el sol. La mayoría habitaba espacios muy reducidos, de una sola pieza, a veces sin ventanas, y las velas eran costosas. La oscuridad marcaba el momento de dormir, así como la salida del sol, el momento de iniciar las labores cotidianas. Algo que ahora hemos olvidado.

La Iglesia católica intentó regular los comportamientos más íntimos, el pensamiento, las creencias y los valores de los cristianos, a la par que la sociedad, profundamente jerarquizada, asignó a cada grupo su lugar, sus deberes y obligaciones. Pero la irregularidad, la marginalidad y lo "excepcional normal" se abrieron paso con bastante más frecuencia de lo que las autoridades hubieran esperado (y deseado, por supuesto). Este comportamiento tomó su propio cauce irrefrenable y ajeno a las prohibiciones.

La sociedad virreinal era muy compleja. Aunque existían una serie de prohibiciones que intentaban regular, o al menos moderar las conductas, la propia dinámica social provocaba la ruptura constante de las normas, ante lo cual las autoridades se hacían de la vista gorda, siempre y cuando la infracción no desafiara abiertamente el orden público o moral.

Los matices discursivos son una rareza en México. Se han puesto de moda las arengas cerradas, que no admiten el diálogo, sino una sola verdad, revelada e inamovible: la propia. Un soliloquio que ignora lo que Edmundo O'Gorman advertía, a saber, que los historiadores no estamos para regañar a los muertos, sino para entenderlos. Parece que a veces fuera imposible integrar los claroscuros y contradicciones del pasado, junto con sus eventos trágicos y episodios terribles, con las partes graciosas y coloridas.

En efecto, los historiadores no somos los jueces implacables del pasado. No es nuestra labor calificar, juzgar o desestimar las acciones de quienes nos precedieron hace 400 o 500 años. Eso no significa que seamos imparciales ni objetivos, ideales decimonónicos pueriles e imposibles de perseguir. Sin embargo, sí podemos ser rigurosos y honestos al acudir a las fuentes, para intentar esbozar una explicación de los contextos del pasado. Adjetivar una y otra vez a personajes y situaciones, arrancándolos de su significación histórica, le impide al lector formarse una opinión propia basada en el análisis y la comprensión. Se le empuja a la repetición irreflexiva y facilona de estereotipos y prejuicios. La tarea del historiador está en el campo de la comprensión y la explicación, no del juicio moral.

Se repite hasta el hartazgo que "quien no conoce su historia está condenado a repetir los mismos errores", pero tal afirmación es falsa. La historia no es *magistra vitae* (maestra de vida). No nos enseña lo que debemos hacer o no, cómo conducirnos, ni cómo resolver asuntos personales o de Estado. Las circunstancias, los personajes y el devenir de los acontecimientos no se repiten en condiciones idénticas. No hay un recetario de pasos para que el producto final sea siempre el mismo: una secuencia que seguir y que, si cumplimos a cabalidad, estaremos exentos de cometer errores. Quizás eso sea justamente una de las partes más apasionantes de la Historia.

En efecto, el comportamiento humano no es predecible y las reacciones sociales e individuales a un fenómeno histórico o natural pueden ser muy variables. La historia no es una vacuna que previene los yerros del futuro. Lo que sí nos puede ofrecer son las respuestas a lo que nos inquieta y nos cuestionamos desde el presente. El espejo donde podemos atisbar un tenue reflejo, o la caja de resonancia que nos devuelve el eco de nuestras preocupaciones, curiosidades y conflictos. De ahí que resulte tan importante rescatar el periodo virreinal de la caverna tapiada en la que los gobiernos posrevolucionarios la arrumbaron.

Así, tanto los liberales de finales del siglo XIX, como los discursos gubernamentales en el siglo XX, en aras de construir un proyecto político nacionalista, cuya base fuera el indigenismo, se encargaron de desprestigiar el periodo virreinal, tachándolo de oscurantista, retrógrado o, en el mejor de los casos, soso y aburrido, porque poco o nada había aportado al glorioso México independiente.

Buena parte de lo que somos, pensamos, profesamos o creemos hunde sus raíces en el devenir de aquellos 300 años, en los que poco a poco, sin una intención de adoctrinamiento nacionalista, imperceptible pero inexorablemente, se fue forjando parte fundamental del ser mexicano. Todo ello sin necesidad de obligar a una hilera de niños lagañosos a sostener sus cartulinas arrugadas al sol. Nuestra gran deuda histórica es con Nueva España.

AGRADECIMIENTOS

Aunque la responsabilidad de lo aquí escrito recae enteramente en mi persona, quisiera agradecer a quienes con generosidad compartieron conmigo referencias bibliográficas, fuentes y datos que me permitieron ahondar en algunos aspectos del complejo mundo novohispano. Necesario es nombrar a mis colegas queridos, Solange Alberro, Raquel Urroz, Victor Gayol, Fernando Ciaramitaro, Rafael Estrada, Natalia Silva, Alfredo José Martín del Campo e Iván Garrido. Agradezco la ayuda de Pablo Casas, experto en numismática, y a Carmen Sauzedo y Felipe Castro, por las referencias que amablemente me facilitaron. Doy también las gracias a mi editora, Eloísa Nava, quien creyó en este proyecto desde un inicio e hizo todo lo posible (covid, confinamiento y vicisitudes mediante) para que llegara a buen puerto. En cuanto a los míos, bien saben cuán inmenso es mi amor por ustedes. Gracias por seguir remando en este barco.

BIBLIOGRAFÍA

Ahumada, Abelardo, "El ataque de los pichilingues", *Interpretextos*, año 1, núm. 1 (2007), pp. 52-109, disponible en <http://ww.ucol. mx/interpretextos/pdfs/859_inpret108.pdf>, consultado el 5 de diciembre de 2021.

Ajofrín, Francisco de, *Diario del viaje a la Nueva España*, notas de Heriberto Moreno, SEP, México, 1986.

Alberro, Solange, *Del gachupín al criollo, o de cómo los españoles de México dejaron de serlo*, El Colegio de México, México, 2002.

———, *Movilidad social y sociedades indígenas en Nueva España: las élites, siglos XVI-XVIII*, El Colegio de México, México, 2019.

Alcalá, fray Jerónimo de, *Relación de Michoacán*, estudio preliminar y notas de Francisco Miranda, SEP, México, 1988.

Asunción, fray Isidro de, *Itinerario a Indias (1673-1678)*, Orden del Carmen en México/Condumex, México, 1992.

Atondo, Ana María, "La prostitución en los siglos XVI y XVII. Una alternativa para la supervivencia femenina", *Revista Historias*, núm. 26 (abril-septiembre de 1991), pp. 65-72, disponible en <https://www.estudioshistoricos.inah.gob.mx/revistaHistorias/ wp-content/uploads/historias_26_065-72.pdf>, consultado el 5 de diciembre de 2021.

Calvo, Thomas, *La Nueva Galicia en los siglos XVI y XVII*, Centro de Estudios Mexicanos y Centroamericanos-El Colegio de Jalisco, Jalisco, 1989.

Camba Ludlow, Úrsula, *Imaginarios ambiguos, realidades contradictorias. Conductas y representaciones de los negros y mulatos novohispanos*, El Colegio de México, México, 2008.

Cano Borrego, Damián, "Sangleyes: los residentes chinos en las Filipinas españolas", *Revista de la Inquisición*, núm. 20 (2016), pp. 213-242, disponible en <https://www.boe.es/biblioteca_juridica/anuarios_derecho/abrir_pdf.php?id=ANU-I-2016-10021300242>, consultado el 5 de diciembre de 2021.

Carrillo y Gariel, Abelardo, *El traje en la Nueva España*, Dirección de Monumentos Coloniales-INAH, México, 1959.

Castillo Valdéz, Octavio, *Las caras de la moneda menuda en Nueva España un acercamiento panorámico*, tesis de especialidad en Historia Económica, disponible en <https://repositorio.unam.mx/contenidos/las-caras-de-la-moneda-menuda-en-nueva-espana-un-acercamiento-panoramico-378653?c=lbZmzP&d=false&q=*:*&i=1&v=1&t=search_0&as=0>, consultado el 26 de enero de 2022.

Castro, Felipe, "El gobierno de Nueva España, un paternalismo autoritario", en *Gran historia de México ilustrada: Nueva España de 1521 a 1750* (tomo II), Planeta/Conaculta/INAH, México, 2006.

———, "Novohispanos, aproximación a la historia de un adjetivo", *Peregrinaciones en el pasado* [blog] (6 de febrero de 2020), disponible en <https://felipecastro.wordpress.com/2020/02/06/novohispanos/>, consultado el 26 de enero de 2022.

Curiel, Gustavo, "En el cruce de caminos: el mobiliario civil virreinal en la ciudad de Puebla de los Ángeles", en *El mobiliario en Puebla, Preciosismo, mitos y cotidianidad de la carpintería y la ebanistería*, Fundación Mary Street Jenkins, Puebla, 2009.

De Balbuena, Bernardo, *Grandeza Mexicana*, Conaculta/Planeta, México, 2002.

De Gortari Krauss, Yuri y Edmundo Escamilla, *Guisos y golosos del Barroco. Cocina virreinal novohispana* (tomo III), Clío, México, 2000.

De Ita Rubio, Lourdes, "El primer ataque inglés a Campeche, por William Parker en 1596", *Tzintzun. Revista de Estudios Históricos*, núm. 41 (enero-junio de 2005), pp. 117-130, disponible en <https://www.redalyc.org/pdf/898/89804106.pdf>, consultado el 5 de diciembre de 2021.

De Robles, Antonio, *Diario de sucesos notables (1665-1703)*, edición y prólogo de Antonio Castro Leal, Porrúa, México, 1972.

De la Cruz, Sor Juana Inés, *Obras completas*, prólogo de Francisco Monterde, Porrúa, México, 1989.

Escalante, Pablo (coord.), *Historia de la vida cotidiana en México. Mesoamérica y los ámbitos indígenas de la Nueva España* (tomo I), FCE/El Colegio de México, México, 2004.

Gayol, Víctor (ed.), *El costo del gobierno y la justicia. Aranceles para tribunales, juzgados, oficinas de justicia. Gobierno y Real Hacienda de la Corte de México y lugares foráneos (1699-1784)*, Colmich, México, 2017.

———, *Laberintos de justicia. Procuradores, escribanos y oficiales de la Real Audiencia*, Colmich, México, 2007.

Gil Martínez, Francisco y Amorina Villarreal (eds.), *Estudio sobre la corrupción en España y América (siglos XVI-XVIII)*, Edual, Almería, 2017.

Gonzalbo Aizpuru, Pilar, *Historia de la educación en la época colonial. La educación de los criollos y la vida urbana*, El Colegio de México, México, 1990.

———, *Seglares en el claustro. Dichas y desdichas de mujeres novohispanas*, El Colegio de México, México, 2018.

——— y Verónica Zárate Toscano (coords.), *Gozos y sufrimientos en la Historia de México*, El Colegio de México/Instituto de Investigaciones Dr. José María Luis Mora, México, 2007.

González Martínez, Nelson Fernando, "Comunicarse a pesar de la distancia: La instalación de los Correos Mayores y los flujos de correspondencia en el mundo hispanoamericano (1501-1640)", *Nuevo Mundo Mundos Nuevos* (diciembre de 2017), disponible en <http://journals.openedition.org/nuevomundo/71527>, consultado el 5 diciembre de 2021.

Guijo, Gregorio Martin de, *Diario 1648-1664* (tomo I), edición y prólogo de Manuel Romero de Terreros, Porrúa, México, 1953.

Halcón, Fátima, "Plazas de toros de Nueva España. Ciudad de México y Real de Catorce", *Revista de Estudios Taurinos*, núm. 5 (1997), pp. 53-78, disponible en <https://dialnet.unirioja.es/servlet/articulo?codigo=5087890>, consultado el 5 de diciembre de 2021

Hausberger, Bernd, "En el camino. En busca de los arrieros novohispanos", *Historia Mexicana*, vol. 64, núm. 1 (253), (julio-septiembre de 2014), pp. 65-104, disponible en <http://www.jstor.org/stable/43743970>, consultado el 26 de enero de 2022.

―――, "La vida cotidiana de los misioneros jesuitas en el noroeste novohispano", *Estudios de Historia Novohispana*, núm. 17 (2009), pp. 63-106, disponible en <https://novohispana.historicas.unam.mx/index.php/ehn/article/view/3444>, consultado el 26 de enero de 2022.

Lavín Lydia y Gisela Balassa, *Museo del traje mexicano* (tomos II y III), Clío, México, 2001.

Leonard, Irving A., *La época Barroca en el México colonial*, FCE, México, 2004.

Long, Janet, coord., *Conquista y comida. Consecuencia del encuentro de dos mundos*, UNAM, México, 2003.

Martin, Norman, "Pobres, mendigos y vagabundos en la Nueva España, 1702-1766: antecedentes y soluciones presentadas", *Estudios de Historia Novohispana*, vol. 8, núm. 8 (1985), pp. 99-126, disponible en <http://www.ejournal.unam.mx/ehn/ehn08/EHN00805.pdf>, consultado el 5 de diciembre de 2021.

Martínez, José Luis, *El mundo privado de los emigrantes en Indias*, FCE, México, 1992.

―――, *Hernán Cortés*, FCE, México, 1990.

―――, *Pasajeros de Indias. Viajes trasatlánticos en el siglo XVI*, FCE, México, 1999.

Mijares, Ivonne, "La mula en la vida cotidiana del siglo XVI", en *Caminos y mercados de México*, coordinado por Janet Long y Amalia Attolini, UNAM/INAH, México, 2009, pp. 291-310, disponible en <http://www.historicas.unam.mx/publicaciones/publicadigital/libros/caminosymercados/cm015.pdf>, consultado el 5 de diciembre de 2021.

Navarro Antolín, Fernando (coord.), *Orbis incognitus. Avisos y legajos del Nuevo Mundo*, XII Congreso Internacional de la AEA, Universidad de Huelva, España, 2007.

Peña Espinoza, Jesús Joel, "El culto a las reliquias en la Puebla del siglo XVI: Manifestaciones locales e influencias europeas", *Memoria XVIII del encuentro de investigadores del pensamiento novohispano*, Universidad Autónoma de San Luis Potosí, 2005, pp. 353-360, disponible en <https://www.iifilologicas.unam.mx/pnovohispano/uploads/memoxviii/05_art_40.pdf>, consultado el 5 de diciembre de 2021.

Peralta, Marco Antonio, "La cultura barroca del lujo y comodidad en la casa-habitación en la Villa de Toluca durante el siglo XVII", *Contribuciones desde Coatepec*, núm. 22 (enero-junio de 2012), pp. 43-67, disponible en <https://www.redalyc.org/pdf/281/28123934004.pdf>, consultado el 5 de diciembre de 2021.

Pérez Rosales, Laura y Arjen van der Sluis, *Memorias e historias compartidas. Intercambios culturales, relaciones comerciales y diplomáticas entre México y Los Países Bajos, siglos XVI-XX*, Departamento de Historia-Universidad Iberoamericana, México, 2009.

Relación de la visita eclesiástica del obispo de Puebla don Juan de Palafox y Mendoza (1643-1646), transcripción, introducción y notas de Bernardo García Martínez, Secretaría de Cultura del estado de Puebla, México, s/f.

Rodríguez Sala, María Luisa, *Cinco cárceles de la Ciudad de México, sus cirujanos y otros personajes, 1574-1820, ¿Miembros de un estamento profesional o una comunidad científica?*, IIS/IIJ-UNAM/Academia Mexicana de Cirugía/Patronato del Hospital de Jesús, México, 2009.

Rubial, Antonio, "Las virreinas novohispanas, presencias y ausencias", *Estudios de Historia Novohispana*, núm. 50 (enero-junio de 2014), pp. 3-44, disponible en <http://www.scielo.org.mx/pdf/ehn/n50/n50a1.pdf>, consultado el 5 de diciembre de 2021.

————, "Un caso raro, la vida y desgracias de sor Antonia de San Joseph, monja profesa en Jesús María", *Memoria del II Congreso Internacional El monacato femenino en el Imperio español*, Centro de Estudios de Historia de México Condumex, México, 1995, pp. 351-358, disponible en <https://www.academia.edu/6572192/_Un_caso_raro_la_vida_y_desgracias_de_sor_Antonia_de_San_Joseph_monja_profesa_en_Jes%C3%BAs_Mar%C3%ADa_en_Memoria_del_II_Congreso_Internacional_El_monacato_femenino_en_el_Imperio_espa%C3%B1ol_M%C3%A9xico_Centro_de_Estudios_Hist%C3%B3ricos_Condumex_1995_pp_351_358>, consultado el 5 de diciembre de 2021.

Rubio Mañé, José Ignacio, *El virreinato I. Orígenes y jurisdicciones, y dinámica social de los virreyes*, FCE, México, 1983.

Sahagún, fray Bernardino de, *Historia general de las cosas de la Nueva España*, Porrúa, México, 1981.

Sánchez Reyes, Gabriela, "La accesoria, una tipología de la arquitectura virreinal en la Ciudad de México", *Boletín de Monumentos históricos*, núm. 35 (septiembre-diciembre de 2015), pp. 135-148, disponible en <https://revistas.inah.gob.mx/index.php/boletinmonumentos/article/view/10975>, consultado el 5 de diciembre de 2021.

Silva Prada, Natalia, *La política de una rebelión. Los indígenas frente al tumulto de 1692 en la Ciudad de México*, El Colegio de México, México, 2007.

Terrazas Williams, Danielle, "Polonia de Ribas: Mulata y dueña de esclavos, una historia alternativa, Xalapa siglo XVII", *Ulúa. Revista de Historia, sociedad y cultura*, núm. 19 (2012), pp. 41-60, disponible en <https://ulua.uv.mx/index.php/ulua/article/view/1226>, consultado el 26 de enero de 2022.

Trejo Rivera, Flor, "Pecadores y tormentas, la didáctica del miedo", en *Los miedos en la historia*, coordinado por Elisa Speckman Guerra, Claudia Agostoni y Pilar Gonzalbo Aizpuru, El Colegio de México/UNAM, México, 2019, pp. 17-36, *Diario de campo. Suplemento*, núm. 31 (enero-febrero de 2005), pp. 80-92, disponible en <https://www.jstor.org/stable/j.ctv512s9t.4>, consultado el 26 de enero de 2022.

———— y Roberto Junco Sánchez, "La flota de Indias frente a los ataques piratas", *Diario de campo. Suplemento*, núm. 31 (enero-febrero de 2005), pp. 80-92, disponible en <https://www.academia.edu/33557603/La_flota_de_Indias_frente_a_los_ataques_piratas>, consultado el 26 de enero de 2022.

Turrent, Lourdes, *La conquista musical de México*, FCE, México, 2006.